Edward Payson Evans

Abriss der deutschen Literaturgeschichte

Edward Payson Evans

Abriss der deutschen Literaturgeschichte

ISBN/EAN: 9783743397002

Hergestellt in Europa, USA, Kanada, Australien, Japan

Cover: Foto ©Thomas Meinert / pixelio.de

Manufactured and distributed by brebook publishing software (www.brebook.com)

Edward Payson Evans

Abriss der deutschen Literaturgeschichte

Abriß

der

Deutschen Literaturgeschichte

Von

Dr. E. P. Evans

Professor der neueren Sprachen und Literatur an der Universität von
Michigan.

New-York
Leypoldt & Holt
F. W. Christern
1869.

.

Die New-York Buchdruckereigesellschaft,
81, 83 und 85 Centre-Straße,
New - York.

Seinem lieben Freunde,

Dr. Eberhard Schrader,

ordentlichem Professor der Theologie an der Universität zu Zürich,

in Hochachtung und Freundschaft gewidmet

vom

Verfasser.

Inhalt.

	Seite
Einleitung und Uebersicht über den Entwickelungsgang einer Nationalliteratur überhaupt	9–14
Allgemeine Hülfsmittel	14–18
Einwirkung fremder Einflüsse auf die deutsche Literatur	18–19
Zerlegung des gesammten Stoffes der deutschen Literaturgeschichte in drei große Abtheilungen	19

I. Von den ältesten Zeiten bis zum Ende des 12. Jahrhunderts 19–35

Geist, Kulturstand und Religion der alten Germanen	19–20
Erste Spuren der deutschen Dichtkunst	21–22
Gothisches — Ulfilas	22–23
Einführung des Christenthums in ihrer Einwirkung auf die heidnische Volkspoesie	23
Karls des Großen Verdienste um die Bildung der Deutschen	23–24
Blüthe und Verfall der Klosterschulen	24
Heidnisch-christliche Poesie	25–26
Profane Dichtungen der Geistlichen	27
Einfluß der Kreuzzüge	28
Sprache und Verskunst	28
Geistliche Epen	29–30
Thiersage und Fabel	30–31
Spielmannsdichtung	31–32
Bearbeitung antiker Sagen und Gedichte	32–34
Karl- und Artussagenstoffe	34–35
Denkmäler der deutschen Prosa	35

II. Vom Ende des 12. bis zur Mitte des 17. Jahrhunderts (1200–1639) 35–109

1. Zeit des classischen Mittelhochdeutschen (1200–1300)	36–74
Blüthe der ritterlichen Minnedichtung	36–53
Einwirkung der provenzalischen Poesie auf die deutsche	39–40
Tafelrunde und Gralsage	41–42
Drei große Dichter dieses Zeitraums: Hartmann von der Aue, Wolfram von Eschenbach und Gottfried von Straßburg	43–53

Seite

Verfall der epischen Ritterdichtung . . . . 53—55
Lyrischer Minnegesang des 13. Jahrhunderts: Spervogel, Walter von der Vogelweide, u. m. a. 56—59
Didaktische Poesie: der wälsche Gast, Freidank's Bescheidenheit, der Renner, u. s. w. 60—62
Heldensage und Volksepos: Nibelungenlied, Gudrun, u. s. w. . . . . 62—74

2. Das 14. und 15. Jahrhundert . . . . 74—89
Uebergang in die Volksliteratur . . . . 76—84
Allegorische Gedichte: Theuerdank . . . . 77—78
Romane und Novellen; Schwänke und Reisebeschreibungen: Till Eulenspiegel . . . . 78—79
Meistergesang . . . . 80—81
Volkslied . . . . 81—84
Verdienst Herder's, Göthens, Simrock's und Anderer um das Volkslied . . . . 82—83
Anfang und Ausbildung des Dramas . . . . 84—86
Ludi und Fastnachtspiele . . . . 86—88
Prosaliteratur dieser Periode . . . . 88—89

3. Vom Anfang des Neuhochdeutschen im 16. Jahrhundert bis Opitz (1500—1639) . . . . 89—109
Wiederbelebung der classischen Bildung . . . . 89—90
Komik und Satire: Narrenschiff, Narrenbeschwörung, Gargantua, Jesuiterhüttlein, u. s. w. 91—98
Schwänke und Fabeln: Burkard Waldis u. a. . . . . . 98—100
Kirchenlieder . . . . .100—101
Drama des 16. Jahrhunderts: Hans Sachs und Jacob Ayrer . . . . .101—104
Volksbücher, Prosaromane, Geschichte und Philosophie . . . . .104—106
Luther's Bibelübersetzung . . . . .106—107
Gelehrte Gesellschaften und Nachahmung des Auslandes . . . . .107—108

III. Von der ersten schlesischen Schule bis zur Gegenwart (1639—1868) . . . . .109—228
1. Von dieser Schule bis auf Gottsched (1639—1750).109—126
Opitz Poetik . . . . .109—110
Opitz, Paul Fleming und Andreas Gryphius . . . . . .110—112
Lyriker nach Opitz . . . . .112—114
Satiriker und Epigrammendichter . . . . .114—115
Philander von Sittewald; Abraham a Santa Clara; Simplicissimus . . . . .115—118
Das gelehrte Drama . . . . .118—119

Seite

Zweite schlesische Schule...................119
Christian Weise und die Hofpoeten (Pritschmeister).120–122
Oper und Puppenspiel.........................122–123
Picarische Romane und Robinsonaden..........123
Vordringen des Rationalismus und Befreiung der
    Wissenschaft von der Obmacht der Pedanterei und
    der Theologie: Leibnitz, Chr. v. Wolf, Thomasius.123–125

2. **Von Gottsched bis zur romantischen Schule**
    (1750–1800.).....................126–202
Zeitalter der Aufklärung.....................126–127
Zeitschriften................................127
Einfluß der englischen Literatur.............127–128
Haller und Hagedorn.........................128–129
Gottsched und sein Kampf mit Bodmer und Brei-
    tinger....................................129–133
Der Kreis der Bremer Beiträger: Rabener, Gellert,
    J. E. Schlegel, Zachariä, u. m. a...........134–138
Hallische Dichterschule und Anakreontiker und Idyl-
    lendichter: Pyra, Lange, Kleist, Geßner.......138–141
Klopstock und der Aufschwung der Dichtkunst......141–143
Wieland und seine Nachfolger.................143–146
Lessing's vielseitiges Wirken: Hamburger Drama-
    turgie, theologische Schriften, Laokoon, Dramen.146–149
Winckelmann, Aesthetik und Kunstgeschichte.......149–150
Reimarus, Deismus und Kritik der Offenbarung..150
Erziehungsliteratur, Politik und Geschichtsschrei-
    bung: Basedow, Pestalozzi, Fr. K. v. Moser, J.
    Möser Sonnenfels, Joh. v. Müller, Georg Foster,
    u. a......................................150–153
Ursprung und Fortbildung der kritischen Philosophie:
    Kant, Fichte, Schelling und Hegel...........153–154
Periode des Originalgenies, Sturm und Drang:
    Hamann, Herder, Merck, Lenz, Maler Müller,
    Klinger...................................154–162
Lavater und sein Gegner Lichtenberg...........162–163
Jung Stilling und Schubart...................163–164
Göttinger Dichterbund.......................165–173
Göthe und Schiller..........................173–191
Göthe's Jugendleben.........................173–175
Götz und Werther...........................175–177
Reise nach Italien: Egmont, Iphigenie, Tasso....178–179
Göthe's politische Haltung...................180
Schiller's Jugend: Militärakademie, Räuber,
    Fiesko, Kabale und Liebe, Don Carlos........180–184
Geschichtsstudien und Kunsttheorien...............184–185

Seite

Göthe's und Schiller's gemeinsame Thätigkeit
(Xenien)..185–186
Wilhelm Meister; Faust........................186–188
Wallenstein: Romantisch-historische Dramen......188–189
Schiller's Nachlaß............................189–190
Vergleichung der beiden Dichter; Göthe's Alter....190–191
Romanliteratur: Jean Paul, Hippel, Hermes,
Thümmel....................................191–195
Erweiterung und Entartung der Romanliteratur
und Anfang des historischen Romans..........195–198
Schauspielkunst.............................199–201

3. Von der romantischen Schule bis zur Gegenwart
(1800–1868)..........................202–223
Hauptvertreter der romantischen Schule: Novalis,
Tieck, Gebrüder Schlegel..................202–209
Uebergang zu den Schicksalstragödien: Houwald,
Grillparzer, u. a........................209–210
Nachklänge der Romantik: Chamisso, Eichendorff,
u. s. w................................210–212
Dichter neuer Bestrebungen in Stoff und Form
(Kunst und Künstelei)...................212–220
Sänger der Befreiungskriege: Rückert, Körner,
Arndt..................................213–214
Platen, Immermann und Auerbach............213–220
Dorfnovellistik...........................218–220
Plattdeutsche Dichter: Bornemann, Fritz Reuter,
u. a....................................220–221
Schwäbische Dichter: Uhland, Schwab, u. a.....221–223
Junges Deutschland: Wienbarg, Börne, Heine....223–224
Dichter revolutionärer Tendenz: Dingelstedt, Frei-
ligrath, Kinkel..........................224–225
Oesterreich's Dichter: Zedlitz, Auersperg, Lenau..225–228

Abriß der deutschen Literaturgeschichte.

Die Geschichte der Nationalliteratur der Deutschen, von der wir im Folgenden einen Abriß zu geben beabsichtigen, zieht in erster Linie die Erzeugnisse der Dichtung und Beredsamkeit dieser Nation in Betracht; eine Nationalliteratur begreift, streng genommen, nur Geistesproducte künstlerischen Schaffens in sich. Fachwissenschaftliche Schriften sind nicht anders denn als ganz beiläufig Gegenstände der Geschichte der Nationalliteratur eines Volkes, und somit auch des deutschen Volkes. Ehe wir nun aber in die Darstellung des Entwickelungsganges dieser so bestimmten deutschen Literatur selber eintreten, scheint es angemessen, einige vorbereitende Bemerkungen über die Entwickelung einer Nationalliteratur überhaupt vorauszuschicken.

Die Poesie ist ein Gemeingut aller Völker, eine organische und nothwendige Aeußerung ihres Denkens. Wir finden kein Volk ohne Poesie, besonders in der Form kunstloser Lieder, die sich an den Gottesdienst knüpfen; diese religiösen Lieder sind in der Regel die ältesten literarischen Nachlässe des menschlichen Geistes. Der Naturmensch fühlt sich gedrungen, die verschiedenen Stimmungen und Empfindungen,

1*

die die Wechselfälle des Lebens erzeugen, durch Gesang auszu=
drücken; daher singt er beim Anfang einer Schlacht, bei fröh=
lichen Gelagen; Ernten, Trauungen und Begräbnisse werden
unter Gesang vollzogen.

Das Volkslied ist die ursprünglichste und nachhaltigste Art
der Poesie; es entsteht und wächst wie die Sitte eines Volkes
ohne von einem nennbaren Verfasser geschaffen zu werden;
ganze Generationen modeln und erweitern es; beim Fort=
schreiten der Bildung jedoch tritt es mehr und mehr in den
Hintergrund, trennt sich von der allmählig entstandenen Kunst=
poesie und beschränkt sich endlich auf die niederen Stände der
Nation. Das Volkslied gehört eigentlich keiner der drei
Gattungen der epischen, lyrischen oder dramatischen Poesie an.
Als die Erzählungen großer, in Sagen fortgepflanzter Bege=
benheiten, trägt es vorzugsweise einen epischen Charakter; es
hat auch eine lyrische Färbung, weil es für Gesang gedichtet
ist; und durch Gespräch und Handlung wird es dramatisch.
Folglich enthält es den Keim zu diesen drei Hauptdichtungs=
arten, die sich in einer geordneten Reihenfolge daraus ent=
wickeln: erstens das Epos, zweitens die Lyrik und zuletzt das
Drama. Das Volkslied ist die gemeinsame Mutter dieser
Gattungen. Das Epos erzählt und schildert die Gefühle in
einfacher Form; der Stoff dazu wird nicht vom Dichter mit
Bewußtsein gestaltet, sondern ihm überliefert und von ihm
und seinen Zuhörern als beglaubigte Geschichte angenommen.

Aber er überliefert die ihm zukommenden Sagen nicht blos in einer nüchternen Erzählungsweise mit mythischen und religiösen Ideen gefärbt und gemischt, sondern er bildet sie auch durch Individualifirung aus.

Diese epifche Entwickelung des Volksliedes pflegt in oder nach Zeiten der Unruhe, in Perioden großer Volksgedanken und erschütternder Ereigniffe zu fallen: bei den Griechen war es das heroische Zeitalter des trojanischen Krieges; bei den Franzosen die Thaten Karls des Großen, bei den Deutschen die Völkerwanderung. Die Lyrik folgt auf das Epos; zuweilen sind die beiden gleichzeitig, allein dies ist keine organifche und normale Entwickelung. Das Epos nimmt seinen Stoff aus der Vergangenheit, die Lyrik zunächft aus der Gegenwart; das Epos ist objectiv, die Lyrik fubjectiv; das Epos hat eine feftere, ftehendere Form im Metrum, während die Lyrik verfchiedene, individualifirende Gefühle ausdrückt und einer freieren Form bedarf; eine zu künftliche Lyrik ist ein Zeichen des Verfalles. Zeiten die fich durch ein feines, politifches und gefelliges Leben auszeichnen, sind der Lyrik günftig: bei den Griechen, das Zeitalter Anakreons; bei den Römern, das des Horaz; in Frankreich und Deutfchland, die ritterliche Periode des Minnedienftes und der Kreuzzüge.

Auf das Epos und die Lyrik folgt das Drama, welches als eine Vereinigung der beiden erften Dichtungen angefehen werden kann; doch ftehet es in näherem Zusammenhange mit der

Lyrik. Der Chor im griechischen Drama z. B. ist der Mittel=
punkt und auch der älteste Bestandtheil desselben; so wurde in
den Passions= und Heiligenspielen des Mittelalters die Dar=
stellung des Lebens und Leidens Christi erst in den Kirchen
lyrisch vorgetragen, und nachher mit *dramatis personis*
ausgestattet. Das Epos liefert den Stoff für das Drama
welches sich in Deutschland schneller und kräftiger entwickelt
wenn es die Heldensagen benutzt und ausgebeutet hätte; aber
das haben das Christenthum und die Aufmerksamkeit die die
neubekannt gewordene classische Literatur auf sich zog, verhin=
dert. Das rasche Aufblühen des Dramas wird durch nationale
Thatkraft gefördert: bei den Griechen durch den Perserkrieg;
bei den Franzosen durch die energische Politik des Richelieu; bei
den Engländern durch die Entwickelung der Seemacht. In
Deutschland ist das nationale Drama nie zu voller Blüthe ge=
kommen wegen der Wiederbelebung der classischen Literatur, der
Spannung der Reformation, welche die öffentlichen Aufführun=
gen der heiligen Schauspiele in Verfall brachte, und besonders
wegen der Zerwürfnisse der Nation und des Elends des dreißig=
jährigen Krieges: innerhalb dieses letzten Zeitraumes verschwin=
det die Theilnahme des Volkes an seiner Literatur fast gänzlich).

Der organische und selbstständige Bildungsgang einer
Literatur kann durch die Einmischung fremder Elemente ge=
stört werden, wie in Rom durch griechische und in Deutschland
durch französische Einflüsse. Nicht alle Nationen entwickeln

die drei Hauptformen der Poesie. Die Hebräer haben kein
Drama gehabt; die Skandinavier sind sogar auf der Stufe
des Volksliedes geblieben; nur in der Edda bildet sich ihre
Dichtung etwas episch aus; auch in den Hymnen der indischen Vedas, der persischen Avesta, in den altitalischen Liedern der Salier, findet sich nirgendwo eine künstlerisch freie
Poesie, sondern eine rein priesterliche.

Das Lehrgedicht gehört dem Epos an, oder pflegt vielmehr
neben demselben sich auszubilden, und hat ein sehr hohes Alter
in der Form des Sprüchwortes. Die ältesten Sprüchwörter
und Rechtssätze haben die metrische Form der Alliteration;
die Aufnahme des Reimes in die deutsche Poesie geschah erst
im 9. Jahrhundert nach dem Vorbilde der lateinischen Kir-
chendichtung. Wenn das Lehrgedicht sich auf einen sittlichen
oder gesellschaftlichen Mangel bezieht, so entsteht die Satire,
die eine Uebergangsperiode der Unzufriedenheit mit dem Bestehenden bezeichnet. In letzter Instanz verfolgt die Satire
immer sittliche Zwecke: bei den Griechen werden die Lustspiele
des Aristophanes gegen die Verkehrtheiten der Sophisten gerichtet; bei den Römern, züchtigen Juvenal und Persius die
Entartung des geselligen Lebens; bei den Deutschen, im 16.
und auch wieder im 18. Jahrhundert, geißelt die satirische
Lehrpoesie die Laster und Gebrechen aller Stände.

Mit der Entwickelung der drei Hauptgattungen, der epischen,
lyrischen und dramatischen Poesie, aus der ungeschiedenen,

chaotischen Einheit des Volksliedes ist, genau genommen, die Ausbildung der Dichtkunst abgeschlossen; doch kann sie im Laufe der Zeit in derselben Nation wieder erweckt werden.

Auf die Poesie folgt die Prosa, deren drei Hauptformen, Geschichtschreibung, Philosophie, Beredsamkeit, den drei Hauptformen der Dichtung, Epos, Lyrik, Drama, genau entsprechen. Die Prosa fing an mit Cultusschriften und Gebetformeln wie die Poesie mit Cultushymnen und religiösen Liedern: die Geschichte (Herodot) entstand aus dem Epos; die Philosophie (Pythagoras) verhält sich zur Lyrik wie die Frucht zur Blüthe; und eine Rede des Demosthenes ist in Conception und Anordnung eben so frei und ungebunden, als ein Drama des Sophokles. Und ganz derselbe Entwickelungsgang zeigt sich auch bei den christlichen Völkern des Abendlandes, in den mittelalterlichen Chroniken, in der scholastischen Philosophie und in der neueren politischen Beredsamkeit.

Am Anfang des 18. Jahrhunderts kannte man sehr wenig über Opitz hinaus. Die Gelehrten richteten ihre Aufmerksamkeit mehr auf das Ausland, als auf die alten einheimischen Literaturquellen. Es fehlte die ästhetische Kritik so nothwendig um diese Werke würdigen zu können. Im zweiten Viertel des Jahrhunderts kamen einzelne Bearbeitungen der älteren deutschen Literatur vor (Gottsched); mehr geschah Quellen und Hülfsmittel. seit den 70er Jahren (Herder und Lessing); auch

die romantische Schule (die Brüder Schlegel, Tieck, Friedrich
von Hardenberg) erregte großes Interesse für die alt=
deutsche Dichtung und die Welt der Mythen und Märchen.
Durch Haß gegen Frankreich und durch den Patriotismus
des Befreiungskrieges wurde dieses von den Romantikern
geweckte Interesse bedeutend vermehrt; seit dieser Epoche ist
die altdeutsche Literatur von vielen Seiten bearbeitet, und eine
neue, für die historische Sprachforschung sehr wirksame Thä=
tigkeit (Jacob und Wilhelm Grimm) entwickelt worden.

Die wichtigsten Werke und Hülfsmittel sind die folgenden:
Koch, „Compendium der deutschen Literaturgeschichte von
den ältesten Zeiten bis auf Lessings Tod;" besonders wichtig
für das 16. und 17. Jahrhundert. Friederich Bou=
terwek, „Geschichte der Poesie und Beredsamkeit seit dem
Ende des 13. Jahrhunderts;" sehr gesundes Urtheil von ästhe=
tischem Standpunkt aus. Gervinus, „Geschichte der deut=
schen Dichtung" (vierte verbesserte Ausgabe in fünf Bänden
1853); ein geistreiches Werk, das die deutsche Literatur von
verschiedenen Gesichtspunkten beleuchtet, und das Streben den
Zusammenhang der einzelnen Gedichte mit der Lebensent=
wickelung der Nation aufzufassen zeigt. Allein die Behand=
lung der ältesten Denkmale der Literatur ist zu einseitig und
für Anfänger nicht genug belehrend: ist für die Literatur
des 17. Jahrhunderts am meisten zuverlässig. An Tiefe
der Forschung, großartiger Auffassung und künstlerischer

Darstellung bleibt dieses Werk ein Muster literarhistori=
scher Thätigkeit.* Vilmar, „Geschichte der deutschen Na=
tional=Literatur," zuerst als Vorlesungen in Marburg gehalten.
Der ursprüngliche Zweck des Verfassers, eine klare Ueber=
sicht für gebildete Leser zu geben, ist vollkommen erreicht:
in der neueren Literatur hat seine Beurtheilung nicht den ge=
hörigen Umfang, auch sind auf sie seine eigenthümlichen theo=
logischen Ansichten nicht ohne Einfluß geblieben. Kober=
stein, „Grundriß der Geschichte der deutschen National=Lite=
ratur" (eben vollendet); eine sorgfältige und sehr gründliche
Bearbeitung des Stoffes, auf tüchtigen Quellenforschungen
beruhend; doch fehlt es diesem sonst so vortrefflichen
Buche an ästhetischer Auffassung, an eigener Kritik und
selbstständigem Urtheil. Die Anmerkungen sind ausgedehn=
ter und reichhaltiger als der Text. Karl Gödeke,
„Grundriß zur Geschichte der deutschen Dichtung;" eine flei=
ßige Arbeit, durchgängig aus den Quellen geschöpft, und be=
sonders ausführlich über Göthe und Schiller. Wilhelm
Wackernagel, „Handbuch der Geschichte der deutschen Lite=
ratur;" mit bedeutender Kenntniß der altdeutschen Sprache
geschrieben. Ludwig Ettmüller, „Handbuch der deut=
schen Literaturgeschichte;" sehr brauchbar für das Gebiet des

* Eine vortreffliche Ergänzung zu Gervinus bietet Cholevius'
„Geschichte der deutschen Poesie nach ihren antiken Elementen." (2
Bände, Leipzig 1854); sehr gründlich und gediegen bearbeitet.

Altfächfifchen, Standinavifchen und Niederländifchen.* Schä=
fer's Tabellen die ebenfalls auf die vergleichende Culturge=
fchichte und politifche Entwickelung Rückficht nehmen, find zu
empfehlen. K. Rofenkranz, (der Philofoph,) „Gefchichte
der deutfchen Poefie im Mittelalter" ift zu fchematifch, und er=
mangelt zu fehr des chronologifchen Zufammenhangs und der
hiftorifchen Forfchung ; im Uebrigen geiftreich aufgefaßt.
Franz Horn, „Poefie und Beredfamkeit der Deutfchen von
Luther bis jetzt." Schloffer's Darftellung der deut=
fchen Literatur des 18. Jahrhunderts in feiner Gefchichte die=
fer Periode ift vortrefflich. Hettner, „Gefchichte der
deutfchen Literatur im 18. Jahrhundert" fchildert den Fort=
fchritt der Ideen und der geiftigen Bildung in Dichtung,
Kunft und Philofophie mit häufigen Blicken auf die gleich=
zeitige Literatur Englands und Frankreichs : fehr klare und
gefällige Darftellung. Julian Schmidt, „Gefchichte der
deutfchen Literatur im 19. Jahrhundert" zeigt eine außeror=
dentliche Schärfe der Kritik, hebt aber mehr die Schatten= als
die Lichtfeite hervor. Das Werk ift auch fehr ungleich.† Ru=
dolf Gottfchall, „Gefchichte der deutfchen Literatur im

---

* „Herbftabende und Winternächte" von demfelben Verfaffer ift ein
Verfuch die Literaturgefchichte in der Form eines Romans zur Darftel=
lung zu bringen. Am beften gelungen find einige fehr gute Ueberfetz=
ungen aus den älteren Dichtungen. Der Roman ift etwas dürftig
und fchwerfällig.

† In der umgearbeiteten und vermehrten Ausgabe von 1865–67 find

19. Jahrhundert" stellt dagegen mehr deren Vorzüge dar und kann als eine Ergänzung des Schmidt'schen Buches angesehen werden; im Ganzen, aber, ist das Werk etwas phrasenhaft im Styl und jugendlich unreif im Urtheil.*

Man kann (1.) die Entwickelung der verschiedenen Gattungen der Literatur jede für sich betrachten, oder (2.) die Literatur einer Nation nach Epochen studiren. Die erste Methode ist nur zweckmäßig, wo (wie in Griechenland) eine ungestörte, organische Entwickelung der Literatur von Anfang bis zu Ende in voller Selbstständigkeit, vor sich gegangen ist. In Deutschland haben schon im Mittelalter, weit mehr aber noch in der neuern Zeit, fremde Einflüße auf den literarischen Bildungsgang der Nation eingewirkt und ihm Eintrag gethan. Die Hauptstörungen waren drei: 1. die Einführung des Christenthums, dessen siegreicher Ausgang alles Ursprüngliche niedertrat; 2. die Einführung und Nachahmung französischer Dichter am Ende des 12. Jahrhunderts; 3. der überwiegende Einfluß der classischen Literatur seit Opitz.

Weßhalb die deutsche Literatur am zweckmäßigsten nach Epochen studirt wird.

viele polemische und räsonnirende Partieen weggestrichen, und das Ganze viel objectiver gehalten.

* Ein sehr brauchbares Nachschlagebuch ist die „Geschichte der deutschen Literatur mit ausgewählten Stücken aus den Werken der vorzüglichsten deutschen Schriftsteller" von Heinrich Kurz. 3 Bände, 4te Auflage, Leipzig 1863–1865.

Die Geschichte der deutschen Literatur zerfällt in drei große Abtheilungen: 1. von den ältesten Zeiten bis zum Ende des 12. Jahrhunderts oder bis zur Blüthe der ritterlichen Kunstpoesie und des Volksepos; 2. vom Ende des 12. Jahrhunderts bis zur zweiten Hälfte des 17. Jahrhunderts oder bis zur schlesischen Schule von Opitz; 3. *Drei Haupt=* von dieser Schule bis zur Gegenwart. Die erste Ab= *abtheilungen* *derselben.* theilung zerlegt man passend in drei Abschnitte: 1. vom ersten Erscheinen der Deutschen in Europa bis zum Ende der Völkerwanderung im 6. Jahrhundert; diese Periode kann man die germanisch=gothische nennen; 2. vom 6. Jahrhundert bis zum Ende des 11. Jahrhunderts, die althochdeutsche Periode; 3. das 12. Jahrhundert.

Die Germanen gehören dem indoeuropäischen Stamm an, sind also mit den edelsten und ausgebildetsten Völkern der Welt (Indern, Persern, Kelten, Griechen, Römern und Slaven) in Denkweise und geistigen Anlagen *Geist und* *Kulturzustand* eng verbunden. Diese Verwandtschaft zeigt sich *der alten* hauptsächlich in Sprache und Religion, den zwei *Germanen.* Hauptkennzeichen eines Volksgeistes und Kulturzustandes. In Syntax und Fügung der Sätze ist die Sprache dieser Ur= zeit unvollkommener als die jetzige, aber sie ist reicher in for= meller Hinsicht d. h. an Stämmen, Wortbildung, Flexion und Strenge des grammatischen Baues. Das Gothische z. B. unterscheidet den Dualis vom Pluralis, in der Declination

wie in der Conjugation, und bildet das Passivum ohne Hülfs=
wort, bloß durch Endungen. Buchstaben waren den alten
Germanen bekannt. Die Gothen hatten ein eigenthümliches
Runenalphabet, das aus Asien stammte, sich im skandinavi=
schen Norden ausbildete und von dort aus, als gemeinsames
Besitzthum, sich bei fast allen deutschen Völkerschaften verbrei=
tete. Es wurde besonders für Weissagungen und Zauberei
gebraucht: das Verfahren dabei beschreibt Tacitus (Germa=
nia 10.) ausführlich und mit Deutlichkeit.

Was die Religion anbetrifft, vergleiche man Jacob
Grimm, „Deutsche Mythologie;“ Karl Simrock,
„Handbuch der deutschen Mythologie mit Einschluß der nor=
dischen;“ Wilhelm Müller, „Geschichte und System der
altdeutschen Religion.“ Einige Schriftsteller beschreiben die
altdeutsche Religion als Monotheismus, andere als Fetischan=
betung; noch andere als Sonnen= und Mondverehrung. Diese

Religion und
Dichtkunst.

verschiedenen und verkehrten Ansichten rühren von
einer falschen Interpretation der Schriften des
Cäsar und Tacitus her. Recht verstanden ist es
ein Polytheismus den diese Schriftsteller beschreiben, obgleich
nicht so vielseitig und ästhetisch ausgebildet wie bei den Grie=
chen und Römern. In der urältesten Zeit scheinen weder
Götterbilder noch Tempel vorhanden gewesen zu sein, son=
dern die Gottheiten wurden überall in der freien Natur und
vorzugsweise auf Bergesgipfeln und im heiligen Eichenwald

verehrt. Das innere Wesen dieses Cultus haben die Römer nicht genau kennen gelernt; nachher haben die Christen es für sündig gehalten das Heidenthum zu erforschen; deßhalb sind fast alle Denkmale desselben für uns verloren gegangen, und nur wenige Trümmer geblieben, die nicht hinreichen, eine allgemeine Anschauung der alten heimischen Religion zu geben. Wir wissen aber, daß die Dichtkunst mit dieser Religion und wiederum mit dem ganzen Volksleben in innigstem Zusammenhang stand.

In den Nachrichten, die uns Tacitus von den Zuständen der Germanen gibt, erwähnt er ausdrücklich der Lieder in denen Götter und Helden gefeiert wurden, und die man vor der Schlacht, beim festlichen Mahle oder am Grabe berühmter Krieger ertönen ließ. Durch die Wanderzüge der Germanen im 4. 5. und 6. Jahrhundert, erhielten diese theils sagenhaften, theils historischen Volksgesänge eine neue Gestalt und einen höchst bedeutenden Zuwachs, indem sie mit den Sagen verschiedener Völkerschaften und Nationen verschmolzen oder mit wirklichen Ereignissen der nächsten Vergangenheit in Verbindung gebracht wurden. So bildeten sich große Sagen-Kreise, wie z. B. der Sagenkreis von Siegfried, der Sagenkreis von Burgund, der ostgothische Sagenkreis von Dietrich und der Sagenkreis von Attila oder Etzel. Diese vier Sagenkreise sind später in dem Nibelungenliede zusammengeflossen und uns im Gefäße eines Minnedichters des 13. Jahr-

hunderts aufbewahrt worden. Außerdem lebten
viele einzelne Sagen mythischen oder halbhistorischen
Ursprungs im Munde des Volkes; dazu kommen
auch die Thiersagen, die einen starken Waldgeruch haben und in
eine uralte Zeit zurückführen, wo der Mensch noch vertraulicher
mit den Thieren verkehrte und ihnen die Geheimnisse ihres
Lebens ablauschte. Im Ganzen haben sich aus der vorkaro=
lingischen Zeit nur wenige Bruchstücke der Dichtung erhalten,
in denen unvermischtes Heidenthum erkennbar ist; wie z. B.
zwei Zauberformeln, und das Hildebrandslied, ein alliteriren=
des Gedicht, sehr wichtig für die Entwickelungsgeschichte des
deutschen Epos.

Das älteste Denkmal der gothischen Prosa ist die Bibel=
übersetzung des Ulfilas (Wölflein), der um 318 geboren, 348
aus einem Kriegsgefangenen zum Bischof erhoben und später
als Arianer einer Glaubensverfolgung ausgesetzt
wurde; im Jahre 355 verließ er sein Amt und
ging mit seinen treuen Anhängern über die Donau
nach Moesien und starb 388 zu Constantinopel, wohin er
sich zu einer Kirchenversammlung begeben. Er war sehr
gelehrt für sein Zeitalter, predigte in griechischer, lateini=
scher und gothischer Sprache und übersetzte die ganze heilige
Schrift mit Ausnahme der vier Bücher der Könige, welche er
absichtlich überging, um durch die darin enthaltenen Kriegsge=
schichten den kriegerischen Sinn seines Volkes nicht zu entflam=

men. Erhalten sind nur Bruchstücke von dieser Uebersetzung, vom alten Testamente nur wenige Zeilen, vom neuen Testamente das meiste. Dieses Werk hat sehr großen sprachlichen Werth, ist, in der That, der Grundpfeiler der historischen deutschen Grammatik.

Die großen Bewegungen der Völkerwanderung brachten die germanische Welt mit der römischen in nähere Verbindung; diese Berührungen wirkten gewaltig auf die Bildung und geistige Anschauung der Deutschen. Doch blieb das eigentliche Heidenthum, während der althochdeutschen Periode, vom Einfluß des Christenthums ziemlich frei. Von der Zeit der Bekehrung (zwischen dem 6. und 9. Jahrhundert) trat die römisch-christliche Bildung in ein entschieden feindliches Verhältniß zu der Volkspoesie, da diese mehr oder minder mit dem alten heidnischen Glauben zusammenhing. Aber erst im 15. Jahrhundert war der Sieg des Christenthums vollständig. Es schlug nicht auf einmal tiefe Wurzeln, war nicht im Stande die Sitten und Vorstellungsweise der Bekehrten auszurotten: deshalb wurden christliche Kirchen gewöhnlich auf Orten erbaut, die den Heiden schon heilig waren, heidnische Feste und Gebräuche zu christlichen gemacht, 2c.

Karl der Große bemühte sich mit der Hilfe fremder Gelehrten (Alkuin, Peter von Pisa, Paulus Diakonus) und durch Stiftsschulen (wie St. Gallen, Fulda, die

Klosterschule zu Tours), die hauptsächlich für die
Erziehung der Geistlichkeit eingerichtet waren, doch
außer den theologischen Studien auch die im Tri=
vium und Quadrivium begriffenen freien Künste
und Wissenschaften umfaßten, auf die Bildung der Deutschen
zu wirken und das Christenthum im Innern des Landes
zu befestigen. Diese Erziehungsanstalten wurden auf einige
Zeit (880—940) durch die Einfälle und Streifzüge der
Normannen, Slaven und Ungarn gestört, blühten unter
den sächsischen Kaisern wieder auf, starben aber mit den
Ottonen ab. Gegen das Ende des 11. Jahrhunderts hört
man Klagen über den Verfall echter Gelehrsamkeit. Karl
der Große beurkundete seine Liebe für vaterländische Sprache
und Poesie auch dadurch, daß er der erstern eine gram=
matische Form zu geben versuchte, die deutschen Namen der
Tage und Monate einführte und die alten Heldenlieder auf=
schreiben und auswendig lernen ließ. Sein Sohn, Ludwig
der Fromme, mußte sich in seiner Jugend mit diesen Lie=
dern beschäftigen, später aber wollte er gar nichts davon
wissen. Der Eifer Karls war auch Anlaß dazu, daß im
Laufe des 10. und selbst noch während des 9. Jahrhun=
derts, die Bestrebungen der Geistlichen die Volksdichtung
zu vertilgen nicht mehr so stark waren; sie wurden sogar
zu poetischen Nachahmungen derselben angespornt, wozu frei=
lich kirchliche Gegenstände den Stoff gaben: im 12. Jahr=

hundert ging diese schriftstellerische Beschäftigung auf den Rit=
terstand über.

Aus der Zeit der Karolinger stammen die beiden ältesten
und für die Sprachforschung ergiebigsten Ueberbleibsel christ=
licher Dichtung, nämlich, das Wessobrunner Gebet
aus der letzten Hälfte des 8. und Muspilli aus dem An=
fange des 9. Jahrhunderts. Das erste Gedicht ist ein Stück
altdeutscher Kosmogonie und knüpft an eine kurze, der jüngeren
Edda entlehnte Schöpfungsgeschichte, ein prosaisches Gebet um
Tugend an; das zweite beginnt mit dem Streit der Engel
und der Teufel über die Seele eines eben gestorbenen Menschen,
und behandelt das jüngste Gericht in christlich=kirchlichem
Sinne, aber mit „heidnischen Nachklängen." Allein das herr=
lichste Gedicht dieser Periode ist die sogenannte altsächsi=
sche Evangelienharmonie, die auch mit dem Na=
men Heliand (Heiland) bezeichnet wird. Diese von
einem niedersächsischen Bauer im Auftrag Ludwig
des Frommen verfaßte Harmonie ist eine Perle
der altchristlichen Dichtung, zeichnet sich durch
große poetische Kraft und außerordentliche Einfach=
heit der Erzählung und Darstellung aus, und ist

Die zwei
Evangelien=
harmonien
H e l i a n d
(830) und
K r i st (868).

auch frei von der süßlichen Engelschwärmerei des Klopstock'=
schen Messias. Sie zieht uns an nicht bloß durch ihr philologi=
sches Interesse, sondern auch durch die sinnliche Lebendigkeit und
Fülle der Sprache, durch eine Menge von schönen Ausdrücken

2

und Umschreibungen und eine eigenthümlich innige Anschauung vom Christenthume. Vilmar nennt es ein Gedicht „welches sich in einzelnen Theilen, Schilderungen und Zügen vollkommen mit den homerischen Gesängen messen kann." Hiermit auch scheidet die Form der Alliteration aus der deutschen Dichtkunst und räumt den Platz einem neuen musikalischen Princip ein: dem Reim.

Das früheste Denkmal dieser Reimpoesie ist Otfried's Evangelienbuch, auch unter dem Titel Krist bekannt. Es begreift fünf Bücher: 1. Geburt und Kindheit Christi bis zur Taufe; 2. Leben Christi; 3. Wunderthaten Christi; 4. Leidensgeschichte; 5. Auferstehung, Himmelfahrt und jüng= stes Gericht. Der Dichter war ein Mönch des Benedictiner= Klosters Weißenburg und eignete sein Buch dem König Ludwig dem Deutschen im Jahre 868 zu. Der Styl ist äußerst breit und dürr, und gleicht einer trockenen Predigt mehr als einem poetischen Kunstwerk. Der Verfasser bewegt sich sehr schwer im Reim und schaltet viele Flickverse ein lediglich des Reimes wegen. Das Gedicht ist aber von hoher Bedeutung für die nachherige Entwickelung der christlichen Reimpoesie; denn es übte einen Einfluß auf die Nachwelt aus, der mit dem des Klopstock'schen Messias zu vergleichen ist.

Die lyrische Poesie dieses Zeitabschnittes ist vorwiegend historisch. Gedichte dieser Art (Leiche) werden mehrfach er= wähnt und einige haben sich erhalten, wie z. B. das Lud=

wigslied auf den Sieg Ludwigs III. über die Norman=
nen bei Saucourt, im Jahre 881 gedichtet. Es rührt wahr=
scheinlich von Hucbald, einem Mönch des flandrischen Klosters
St. Amand her, wo man sich der altdeutschen Lite= *Hroswitha
ratur eben so eifrig annahm, wie in den Abteien St. und das reli=
Gallen und Fulda. Gegen das Ende des 10. giöse Drama.
Jahrhunderts dichtete Hroswitha, eine Ganders=
heimer Nonne, religiöse Dramen in lateinischer Sprache, um
den frivolen, vielgelesenen Terenz zu verdrängen. Sie schrieb
sechs Stücke, worin der Styl des alten Lustspieldichters nach=
geahmt, aber an die Stelle seiner Mädchengeschich= *Profane
ten, heilige, die Keuschheit einprägende Legenden Dichtungen
gesetzt wurden. Zu dieser Zeit fing man auch an, der
die einheimischen Heldengesänge in lateinische Verse Geistlichen.
zu kleiden mit Zuthaten aus Homer und Virgil. So entstand
Walther von Aquitanien, ein Gedicht, das seinem
Stoffe nach, dem Heroenzeitalter der Völkerwanderung ange=
hört und einen furchtbaren, an einem Engpasse der Vogesen
gefochtenen Kampf schildert. Ein Gegenstück dazu ist der
Ruodlieb (im Anfang des 11. Jahrhunderts geschrieben)
der leider nur in Bruchstücken erhalten ist.

Die Dichtung des 12. Jahrhunderts bildet einen Uebergang
von der althochdeutschen Poesie eines heldenmäßigen Geschlech=
tes zu der mittelhochdeutschen des Ritterstandes und zur
Blüthe des Volksepos. In der ersten Hälfte des Jahrhun=

derts ist sie vorwiegend geistlich; aber mit dem Jahr 1150,
unter dem Einfluß der Kreuzzüge, blüht eine neue Kunstform
auf. Die Kreuzzüge öffneten dem Auge der Deutschen die
goldnen Thore des Morgenlandes mit seiner Zauberwelt der
Wunder und Heiligthümer, gaben dem innern Verkehr der
abendländischen Völker einen bedeutenden Umschwung und
brachten den deutschen Adel mit der feineren, in Wales ent=
sprungenen und nach Frankreich übertragenen
Sitten= und Geistesbildung in Verbindung. Fort=
an galt diese höfische Cultur mehr als die rohe
Kraft. Fürsten pflegten sie mit größter Vorliebe, kriegerische
und kernhafte Sagen wurden zu ritterlichen Aventüren und
Liebesgeschichten abgeschwächt.

Einfluß der
Kreuzzüge.

Die Dichtung des 12. unterscheidet sich von der des 13.
Jahrhunderts in Sprache, Styl und Versbau, zeichnet sich
durch vortheilhafte Kürze der Darstellung aus; nur hat sie
vielleicht zu wenig poetischen Schmuck; mehrere Gedichte
kann man sogar eine gereimte Prosa nennen. Die Sprache
hält eine gewisse Mitte zwischen dem Alt= und Neuhochdeut=
schen; es finden sich gar viele Wörter, die im 13. Jahrhundert
schon veraltet sind. Die Strophen halten sich im Allgemeinen,
aber nicht genau, an Otfried's Versregeln; der Reim ist bald
klingend, bald stumpf (d. h. bloß die letzte Silbe reimt).
Kirchliche Epen und fromme Legenden von christlichen Heiligen
und Märtyrern, deren viele auf der Pilgerfahrt nach Jerusalem

das Leben eingebüßt hatten, nehmen eine hervorragende Stelle in der Literatur dieser Periode ein; man hielt es für Pflicht und Verdienst, solche religiösen Sagen zu schreiben oder zu lesen. Es ward auch als ein Sicherheits= mittel gegen die Zauberei angesehen: „Wer eine Legende liest, den kann in derselben Woche kein Leid treffen." Diese geistlichen Epen sind sehr wichtig für unsere Kenntniß der mittelalterlichen Denkens= und Lebensentwickelung.

Geistliche Epen des 12. Jahrhunderts.

Die merkwürdigsten Dichtungen dieser Art sind P i l a t u s, V e r o n i c a, M a r g a r e t a, das A n n o l i e d, die K a i s e r= c h r o n i k und das L e b e n M a r i e vom Pfaffen Werner 1173 geschrieben. Die Chronik besteht aus zwei Theilen; der erste geht bis zu Constantinus, der zweite bis zu Lothar's II. Tode (1137). Sie enthält fabelhafte Geschichtchen über den Ur= sprung von Völkern, Städten und anderen Oertlichkeiten, die auf Etymologien gegründet sind. Ein ergötzliches Beispiel ist das folgende von Gervinus (I. 184.) angeführt. Nero ver= langt von seinen Aerzten, daß sie ihn schwanger machen; sie geben ihm Getränke, es kommt die Zeit der Geburt und er gibt eine Kröte von sich.

> die Walhe sprungen uf ja,
> sie riefen alle lata rana;

daher der Name L a t e r a n. Die Marienlegende zerfällt in drei Abschnitte: 1. Geschichte Annens, der Mutter Marias. 2. Die Jugend Marias und Vermählung mit Joseph. 3.

Die Geburt des Heilands und die Geschichte bis zur Rückkehr
aus Egypten. Dies ist das vortrefflichste Gedicht des 12.
Jahrhunderts und hat eine sehr poetische Farbe.*

Von den Thiersagen sind im 12. Jahrhundert zwei lateinische Bearbeitungen (Isengrimus und Reinhardus)
und eine nur in Bruchstücken erhaltene deutsche (Reinhart
von Heinrich dem Glichezer) vorhanden. Aehnliche Darstellungen aus der Thierwelt zieren das Münster zu Freiburg,
das Straßburger Münster, und kommen bei Dombauten des

*Unterschied
zwischen
Thiersage
und Fabel.*

Mittelalters mehrfach vor. Die Ecbasis des
10. Jahrhunderts ist das schwächste dieser Gedichte und noch nicht episch ausgebildet; denn die
Thiersage unterscheidet sich von der Fabel in drei
Hinsichten: 1. Bei der Fabel ist die Lehre die Hauptsache;
bei der Thiersage fehlt die Lehre ganz, die Erzählung ist
die Hauptsache, sie beabsichtigt keine Satire, enthält aber eine
Verhöhnung des gewöhnlichen Weltlaufes durch die bewußten
Handlungen der Thiere. 2. Die Fabel leiht den Steinen,

---

* Sehr anmuthig ist die folgende Strophe, die man eher einem Verliebten als einem Mönch zugetraut hätte:

> du bist min ich bin din,
> des solt du gewis sin;
> du bist beslozzen
> in minem herzen,
> verloren ist daz slüzzelin,
> du muost immer dar inne sin.“

Pflanzen, ꝛc. ein bewußtes Leben; die Thierſage hat nur mit
Thieren und beſonders mit großen Thieren zu thun. 3. Die
Fabel legt den Thieren nur Gattungsnamen bei (Fuchs, Wolf,
Löwe, Bär); die Thierſage gibt ihnen individuelle und epiſche
Benennungen (Reinecke, Iſegrimm, Nobel, Braun). Das
Alterthum hatte keinen Sinn für die Natur und folglich kein
Thiermährchen, nur Thierfabeln; und dieſe niedere Poeſie
wurde meiſtens von Sklaven (Aeſop) gepflegt. Die Franken
haben das eigentliche Thierepos zuerſt ausgebildet; nachher
haben ſich Franzoſen (*Le Roman du Renart*) und Nieder=
länder (R e i n a r t) damit beſchäftigt. In der neueren Zeit
hat Göthe dieſe Sage bearbeitet um ſich im Hexameter zu
üben. Kaulbach's Illuſtrationen dazu ſind vortrefflich; nur
iſt er von dem urſprünglich naiven Geiſt des Gedichts abge=
wichen, indem er ſatiriſche Züge eingemiſcht hat: auch iſt die
Kleidung für Thiere nicht paſſend; ſie ſollten Thiere bleiben.
Es kann nicht geläugnet werden, daß man ſchon im 12. und
noch weit mehr im 13. Jahrhundert, dieſe Sagen benutzte zu
Ausfällen auf die Habſucht der Geiſtlichkeit und die Verdor=
benheit des Kloſterlebens; ſelbſt das Oberhaupt der Kirche
wurde nicht geſchont.

Den eigentlichen Uebergang von der klöſterlichen zur ritter=
lichen Dichtkunſt und zum Nationalepos, bilden die Gedichte
der fahrenden Leute, welche die epiſche Kunſt umhertrugen zu
Burgen und Höfen, wie die herumziehenden Schauſpieler

des vorigen Jahrhunderts. Diese sogenannte Spielmanns=
poesie rührte besonders vom Orient und dem
Lagerleben der ersten Kreuzfahrer her; darum
hat Wackernagel die bunte Reihe dieser roman=
haften Abenteuer unter dem Namen **Byzanti=
nisch=palästinische Dichtung** vereinigt.
Die erhaltenen Beispiele sind **König Ruother,
Oswalt, Orendel, Salomon und Morolt** und **Her=
zog Ernst**, alle fünf aus dem 12. Jahrhundert. Sie enthalten
einige, für ihren volksmäßigen Charakter sehr bezeichnende
Stellen, wie z. B. wenn der Dichter mitten in der Erzählung
ausruft, „nun ist der Held in großer Gefahr, gebt mir einen
Trunk und Geld, sonst lasse ich ihn sterben." Vor allen scheint
Herzog Ernst das Lieblingsgedicht des Volkes gewesen zu
sein; es ist eine wunderliche Verwirrung von Zeiten, Personen,
Geschichte und Geographie, mit Fabeln, die bei Homer, Herodot,
Megasthenes und in Tausend und Einer Nacht zu finden sind.

In die letzte Hälfte des 12. Jahrhunderts fallen auch einige
weltliche Gedichte meistens nach französischen Originalen von
Geistlichen und Rittern verfaßt. Der Stoff ist dreierlei:
1. Antike Sagen. 2. Sagen von Karl dem Großen. 3.
Sagen von Artus, dem heiligen Graal und dem Ritterbund
der Tafelrunde. Ohne Frage ist das beste dieser Werke das
Alexanderlied des Pfaffen Lamprecht. Gervinus nennt
es ein echtes Bild des alten Heroenthums, noch einmal in allem

Fahrende Sänger, und Uebergang zur ritterlichen Dichtung und zum Natio= nalepos.

Glanze entworfen. Die Thaten und Schickſale der makedoni=
ſchen Helden, die in der Wirklichkeit Alles übertrafen, was die
Geſchichte Großartiges aufzuweiſen hat, ſpielten im Mittelal=
ter eine wunderbare Rolle. Lamprecht's Lied iſt nach einem
von Alberich von Beſançon (Vicenza) herrührenden provenzal=
franzöſiſchen Gedicht des 10. Jahrhunderts bearbeitet worden,
handelt von Alexander's fabelhaften Zügen in den Orient,
und enthält lebendige Beſchreibungen der Kämpfe, der ſonder=
baren Geſchöpfe des Morgenlandes, der Thiere, Pflanzen,
Landſchaften ; ſingender Mädchen, die auf grünem Klee unter
den Bäumen ſpielen und wie Blumen entſtehen und vergehen,
auch den Briefwechſel zwiſchen Alexander, Darius,
Porus und Ariſtoteles, ꝛc. Nachdem der Eroberer **Alexanderlied**
ans Ende der Welt gekommen iſt, will er auch das **des Pfaffen**
Paradies erkämpfen und Zins von den himmliſchen **Lamprecht**
Chören haben, zieht durch die Hölle voll Gewürme **und die Eneit**
und ſcheußlicher Ungethüme, bis er endlich an das **Heinrich's**
Paradiesthor gelangt, woran er ſchlägt und pol= **von Veldeke**
(1184—1188)
tert und die Engelſchaaren auffordert, mit ihrem **nach antiken**
Singen inne zu halten und ihm Zins zu bezahlen. **Stoffen bear=**
beitet.
Da aber
wird er ermahnt, daß der Menſch aus Staub gemacht ſei, und
nur durch Demuth ins Himmelreich eingehen könne. Dann
kehrte der Weltbeherrſcher um, befliß ſich fortan der Ge=
rechtigkeit in ſeinem Reiche und nach zwölf Jahren
ſtarb er. Von Allem, was er je beſaß, ſagt der Dichter,

2*

blieb ihm übrig „Erde sieben Schuhe lang wie dem ärmsten Manne.“

Einen Gegensatz zum Alexanderlied bildet die Eneit (Aeneide) Heinrich’s von Veldeke mit der die Periode des höfischen Kunstepos beginnt, indem schon die Minne in seiner Darstellung vorwaltet. Der Verfasser war kein Gelehrter, kannte von Virgil’s Werke nur eine französische Bearbeitung, würde das Original auch wohl schwerlich haben lesen können; deshalb können wir die beiden nicht mit Vortheil vergleichen wie Gervinus es gethan hat. Er behandelt hauptsächlich die Liebesverhältnisse zwischen Dido und Aeneas sehr subjectiv und nach dem Geschmack des Mittelalters. Aeußerst gemüthlich und naiv ist das Gespräch zwischen Lavinia und ihrer Mutter, in welchem die Tochter fragt „muoter, durch got, waz ist minne?“ und Belehrung darüber empfängt. Gottfried von Straßburg sagt von Heinrich von Veldeke, „er impfte das erste Reis in die deutsche Zunge,“ d. h. als Vermittler zwischen Frankreich und Deutschland und Urheber des Minnegesangs. Aus dem Sagenkreis von Karl dem Großen haben wir das Rolandslied des Pfaffen Konrad oder das Gedicht von der Roncevalschlacht, ungefähr um 1175 nach einer französischen Darstellung verfaßt. Der Artuskreis wird in diesem Jahrhundert von dem Tristan und Jsolde des Eilhart von Oberge vertreten, viel einfacher als die spätere Bearbei-

Karl- und Artus- Sagenstoffe.

tung von Gottfried von Straßburg. Hierher gehört auch das schöne Fragment vom Grafen Rudolf. Es stellt im guten Styl das Leben der Kreuzzüge dar und ist interessant wegen einiger historischen Anspielungen und einer Schilderung der Zustände Jerusalems im Mittelalter.

Die Denkmäler der deutschen Prosa vom 7. bis zum 12. Jahrhundert sind vorwiegend Uebersetzungen aus dem Lateinischen, Predigten, Glaubensartikel, Vaterunser, Beichtformeln wegen Abgötterei, Teufelsabschwörungen, Interlinearübersetzungen, Glossen, Benedictinerregeln, die Kategorien und Hermeneutik des Aristoteles, ꝛc. Diese Werke sind wichtig für die Entwickelung der deutschen Sprache, weil sie sehr genau (mit Accent u. s. w.) geschrieben sind. Vergl. Koberstein und Wackernagel; auch Rudolf von Raumer's „die Einwirkung des Christenthums auf die althochdeutsche Sprache," und Hoffmann's „Fundgrube für Geschichte deutscher Sprache und Literatur."

Deutsche Prosa vom 7. bis zum 12. Jahrhundert.

Die zweite große Periode der deutschen Literaturgeschichte, vom Ende des 12. bis zur Mitte des 17. Jahrhunderts, macht uns bekannt; 1. mit der Blüthe und dem Verfall der ritterlichen Kunstpoesie; 2. mit den Meistergesängen; 3. mit der neuen Blüthe des Volksliedes; 4. mit dem Anfang des Dramas; 5. mit dem gänzlichen Ausgange der altnationalen Dichtung. Sie zerfällt in drei Abschnitte: 1. die Zeit des

Die zweite große Periode (1299-1659) zerfällt in drei Abschnitte.

classischen Mittelhochdeutschen vom Ende des 12. bis zum
Anfang des 14. Jahrhunderts; 2. das 14. und 15. Jahrhundert; 3. Vom Anfang des Neuhochdeutschen im 16. Jahrhundert bis in das 17. Jahrhundert hinein. Im 13. Jahrhundert tritt an die Stelle der volksmäßigen und geistlichen
Poesie ein weltliches, auf französischen und britischen Sagen
aufgebautes Epos. Diese höfische Dichtung rücksichtlich der
classischen Sprache und des vollendeten Versbaus ist in den
neueren Zeiten nie erreicht worden. Die geringere Mitwirk-
ung der Geistlichkeit in der National-Literatur dieser Periode
rührte vom kriegerischen Leben der Deutschen, und dem Verfall
der Gelehrsamkeit her. Selbst die Aebte und Mönche im 13.
Jahrhundert konnten weder lesen noch schreiben.

Die Zustände, die den Aufschwung der ritterlichen Poesie be-
günstigten, waren die folgenden: 1. Die Verschmelzung der
altheidnischen Bildung mit der christlichen. 2. Die
Kreuzzüge, die einen idealen Character hatten und
zur Verwirklichung einer Idee geführt wurden; auch
die Erweiterung des Gesichtskreises und der Gedan-
kenaustausch, welche sie bewirkten. 3. Die damaligen politischen Zustände: das Kaiserreich war in seiner vollen
Blüthe und Alles wohl geordnet, bis es durch den Streit Heinrich's des Löwen mit dem Kaiser einen schweren Stoß erlitt.
4. Der Einfluß der Hohenstaufen; doch ist dieser Einfluß überschätzt worden. Es war keine Ausnahme, daß Heinrich IV.

Characteri-
sirung des
ersten
Abschnittes
(1200–1300).

und VI. Minnelieder dichteten; es war die allgemeine Sitte
unter dem Adel und gehörte zur feinen Bildung. Die Poe=
sie wurde in andern Ländern eben so gepflegt wie in Schwa=
ben; auch haben die Markgrafen von Thüringen und das
österreichische Haus von Babenberger dieselbe noch mehr ge=
fördert als die Hohenstaufen. Sie entwickelte sich der allgemei=
nen, vom Adel ausgehenden Gesinnung gemäß, und nicht als
eine besondere, gelehrte Bildung; in der That konnten nur we=
nige Adelige lesen und schreiben. Wolfram von Eschenbach sagt
im Parzival und wiederholt im Wilhelm von Orange, er ver=
stände keinen Buchstaben.* Nur Geistliche und Frauen be=
fließen sich dieser Künste. Ritterliche Bildung bestand in der
Idee der persönlichen Ehre, in Freigebigkeit (Milde) und
Tapferkeit, in voller Kenntniß und keiner Verletzung der
Kampfetiquette, den Wehrlosen nicht angreifen, ritterliches
Wort halten, Anstandsregeln aufs kleinste zu bewahren, be=
sonders in Gegenwart der Ritter und Damen, ꝛc. Der in
allen Ländern eng verbundene Ritterstand ist als ein christlicher

* „Ine kan decheinen bouchstap
    Da nement genuoge ir urhap
    Diſiu âventuire
    Bert âne der buoche stiure."

                        Parc. 115.

„Swaz an den buochen stét geschriben,
    Des bin ich künstelôs beoben."

                        Willeh. 2.20.

Orden anzusehen, dessen Solidaritätsverhältniß an die Stelle
des Nationalitätsgefühls trat. Es war z. B. ein größerer
Abstand zwischen einem deutschen Ritter und einem deutschen
Bürger als zwischen einem deutschen Ritter und einem französischen Ritter. Die hohe Stellung der Weiber bei den
Deutschen wurde durch die Marienanbetung des Christenthums zu Frauenverehrung und Frauendienst verfeinert.
Diese Thatsache äußerte einen starken Einfluß auf die Lyrik,
und trug sehr viel dazu bei, ein schöneres, geselligeres Leben
unter den Ritterschaften auszubilden; erst nach dem Inter-
regnum und dem Verfall der Dichtung trat die Rohheit wieder ein.

Wie wir uns in jeden Gegenstand unserer Achtung hinein-
leben und auch dessen Wesen unbewußter Weise in unsere
eigene Natur aufnehmen, so wurde in der Zeit des Frauen-
cultus die Poesie frauenhaft: niemals, sagt Vilmar, hat sich
die Männerwelt inniger und tiefer in die Gedanken- und Ge-
fühlswelt eingelebt, niemals sich für alle poetischen Motive
stärker von der Frauenwelt inspiriren lassen, als in der letzten Hälfte des 12. und im Anfange des 13. Jahrhunderts.
Von den Conflicten des Liebelebens, die wir in unserer heutigen Poesie fast für unerläßlich halten, von leichtem Flattersinn,
von Eifersucht, von Untreue, von gebrochenen Schwüren, die
aber doch nur durch die Männerwelt und deren Leidenschaft-
lichkeit in diese Poesie eingeführt sind, weiß die Minne-

poesie ganz und gar nichts ; sie sehnet sich nur und hofft, sie blühet still für sich, und ist t r e u, unverbrüchlich treu, weil sie nicht anders kann. Die dichterische Ausführung des Min= negesangs entspricht der eigenthümlichen Bildung der Ritter. Er besingt nicht die Thaten eines ganzen Volkes, sondern die Leiden und Abenteuer eines Einzelnen, verweilt länger bei Be= schreibungen von Zweigefechten als bei Schlachten, gibt aus= führliche Schilderungen von Pferden (Hartmann von Aue in seinem E r e k beschreibt e i n Pferd in 500 Versen), Waffen, Sitten, Festen, Turnieren, Liebesfreuden, Wehmuthsklängen, 2c. Diese subjective Behandlung schließt das rein Menschli= che völlig aus, und läßt nur dem Ritterlichen Platz : die Trauer eines einsamen Herzens überwiegt das Elend einer Na= tion. Das ritterliche Element zeigt sich auch darin, daß nur Wörter aus den höheren Ständen und den höfischen Kreisen und dazu ein sehr künstlicher Versbau gebraucht wurden. Das Minnelied setzte eine Kenntniß der Musik voraus, da es nicht zum Lesen, sondern nur zum Singen in Begleitung von Sai= teninstrumenten bestimmt war.

Auf diese Kunstpoesie übte die französische Literatur keinen unbedeutenden Einfluß. Das Provenzalische war eine Schriftsprache, in welcher gegen das Ende des 11. Jahrhun= derts, eine durch viele kleine Höfe begünstigte Lyrik sich ent= wickelte ; später wurde die L a n g u e d'O c von der L a n= g u e d'O u i besiegt und hörte auf eine Schriftsprache zu sein. Die provenzalische Dichtung wirkte auf die deutsche nur

unmittelbar ein; denn wir finden die ersten Spu-

Unmittelbare
Einwirkung
der provenza-
lischen Dich-
tung auf die
deutsche.
ren dieser Kunst im Nordwestlichen Deutschland,
wohin sie über Nordfrankreich und die Niederlande kam. Sehr auffallend ist es, daß alle dem
Turnier eigenthümliche Ausdrücke französisch sind.

Diese Nachahmung ging so weit, daß selbst fremde
(antike und britische) Stoffe nach französischen Mustern bearbeitet wurden. Heinrich von Veldeke, der Hauptvermittler
dieses Ueberganges, feiert sogar den französischen Frühlings-
monat April, anstatt des Maies, in seinen Gedichten und er-
gießt sich in Naturschilderungen, die für Deutschland gar nicht
passen. Französisch ist auch der dreitheilige Strophenbau; die
deutsche Lyrik ist doch vielseitiger und tiefer als die gleichzeitige
Troubadourpoesie. Zunächst verschaffte sie sich Eingang bei
den niederen deutschen Edelleuten, die hin und her reisten auf
den Höfen, besonders in Thüringen und Oesterreich, immer
Aufnahme als geehrte Hausgenossen fanden und dann reichlich
beschenkt weiter zogen. Walther von der Vogelweide war
ein glänzendes Beispiel der fahrenden Ritterschaft. Vom
niederen Adel verbreitete sich die Poesie nach oben zu den Fürsten und nach unten zu den Bürgern (Meister Gottfried von
Straßburg). Im 13. Jahrhundert stammten fast alle fahrenden Leute aus dem Bürgerstand.

Was den Stoff der Minnedichtung anbetrifft, so bezieht er

ſich hauptſächlich auf die ſchon erwähnten karolingiſchen und
bretoniſchen Sagenkreiſe. Der Sagenkreis von
Karl dem Großen zerfällt in drei Gruppen: 1.
Karl's Jugend, die viel Mährchenhaftes enthält wie
die Cyropädeia von Xenophon. 2. Karl als Lehn=
herr im Streit mit ſeinen Verwandten und Vaſſallen. 3. Karl
als Held des Chriſtenthums im Kampfe gegen die Heiden mit
ſeinen zwölf Pairs zur Seite (den zwölf Jüngern Jeſu nach=
gebildet). 4. Hofleben Karls und Erzählungen von den ein=
zelnen Helden.

Stoffe der Dichtung des 13. Jahr= hunderts.

Dieſe Sage iſt keine Erfindung eines myſtiſchen Kopfes, ſon=
dern ſie hat ſich in Liedern und Geſchichten unter dem franzöſi=
ſchen Volke ausgebildet, ſeit dem 11. Jahrhundert zu einer
legendenhaft gefärbten Kunſtepik umgeſtaltet und allmählig
über ganz Europa verbreitet, beſonders nach Spanien und
Italien, wo ſie ſich am längſten erhalten hat (Orlando Fu=
rioſo). Der Artusſagenkreis bildete ſich in Wales aus und
verbreitete ſich von dort nach der Bretagne und Deutſchland
hinüber. Er theilt ſich in zwei Hauptzweige: im erſten er=
ſcheint Artus als Fürſt und Nationalheld der Britten zu einer
Zeit, da dieſe ihre Unabhängigkeit vollends an die Sachſen ver=
loren; im zweiten wird er als chriſtlicher Held dargeſtellt mit
den zwölf Rittern der Tafelrunde (gleich den zwölf Apoſteln
beim Abendmahl). Der Hof des Artus war das Ideal des
Mittelalters und unter den zwölf Tapfern zu ſitzen, war die

höchste Ehre, die ein Ritter erstreben konnte. Es ist zweifel-
haft, ob dieser kymrische König als geschichtliche Person je gelebt hat; alle altenglischen Historiker schweigen von ihm.
Im 12. Jahrhundert glaubten die Armoricaner an seine Unsterblichkeit und Wiederkunft, wie die Walisen an die des Cad-
walader und wie auch die deutsche Sage lehrt von Kaiser
Friedrich Barbarossa, daß er tief im Innern des Kyffhäuser-
berges schlummere und wieder erwachen werde, wenn Deutschland in äußerste Noth komme. Die Abenteuer und Erzählungen der Tafelrunde haben wenig sittlichen Gehalt, aber sie geben ein schönes Spiegelbild der ritterlichen Erziehung im Mittelalter. Mit Artus ist die sehr verbreitete, keltische Sage
vom heiligen Gral (sang réal) in enge Verbindung gesetzt.
Was die Form der Minnepoesie anbetrifft, so ist der Versbau
regelmäßiger als im 12. Jahrhundert und der Reim nicht bloß
stumpf, sondern auch klingend (weiblich).

Von den einzelnen Dichtern erwähnen wir zunächst Herbort von Fritzlar, dessen Trojanischer Krieg im ersten
Decennium des 13. Jahrhunderts nach einem französischen
Vorbilde verfaßt wurde; er wurde von dem Landgrafen Hermann von Thüringen dazu aufgefordert. Das Stück fängt
mit dem goldenen Vließ an, und schildert das Liebesverhältniß
zwischen Jason und Medea. Herbort scheint zu wissen, daß
er nur mittelmäßiges Talent hat, und sagt (im Verse 18452),
er wollte bloß die Schaar der Dichter mehren; sprachlich

aber ist sein Gedicht von großem Interesse; es trägt ein un=
verkennbares Gepräge des niederhessischen Dialectes an sich.
Athis und Prophilias, um 1214 von einem unbe=
kannten Dichter nach französischen Quellen bearbeitet, ist die
Geschichte der Selbstverleugnung zweier Freunde, deren
Freundschaft stark geprüft wird.   Bei dem Heraklius
von Otto, dem Lanzelot von Ulrich von Zazichoven und
der großen Anzahl kleinerer, und häufig nur in Bruchstücken
erhaltener Werke, dürfen wir uns nicht aufhalten.

Die drei großen Meister dieser Periode sind Hartmann
von der Aue, Wolfram von Eschenbach und
Gottfried von Straßburg.   Hartmann
von der Aue (der zwischen 1210–20 gestorben sein
soll), war ein Ritter aus Schwaben und Dienst=
mann des Herrn von Aue.   Ausnahmsweise unter
den ritterlichen Dichtern besaß er gelehrte Bil=
dung, d. h. konnte lesen und schreiben, wie er von sich auch in
seinem Lied vom armen Heinrich sagt:

*Hartmann
von der Aue,
zwischen 1210
und 1220 ge=
storben.*

> „Ein ritter so geleret was,
>   daz er an den buochen las,
>   Swaz er dar an geschriben vant,
>   der was Hartman genant.‟

Man meint, er wurde im Kloster erzogen, weil er in dem
Gedicht vom heiligen Gregorius das klösterliche
Leben so lebhaft geschildert hat.   Seine Werke

*Seine
Hauptwerke.*

sind die folgenden: Der arme Heinrich, Erek,
Iwein und Gregorius.

Der arme Heinrich, (in den letzten Jahren des 12.
Jahrhunderts gedichtet), ist die Geschichte eines reichen, aussätzigen Ritters, den, nach der Aussage eines Arztes von Salerno, nur das Blut einer reinen, sich freiwillig opfernden
Jungfrau zu heilen vermag. Da er aber dieses Opfer weder
hofft noch wünscht, zieht er sich verzweiflungsvoll auf einen
einsamen Meierhof zurück, um unter der Pflege der ihm zuge-
hörigen Bauernfamilie sein Leben zu beschließen. Da erfährt
das zwölfjährige Töchterlein des Pächters, wie der Kranke geret-
tet werden kann, und entschließt sich, ihr Herzblut für den geliebten Herrn zu lassen. Sie begibt sich mit dem Aussätzigen nach
Salerno, und als sie schon auf dem Secirtische unter dem
Messer des Arztes liegt, da verzichtet Heinrich auf das Opfer
und wird von Gott geheilt. Späterhin vermählt er sich mit
dem Mägdlein. Erek, (eine Jugendarbeit des Dichters),
stellt das Leben eines Ritters dar, der alle Kämpfe und Abenteuer versäumte, bis er von seiner schönen Frau Enitens Trauer
und Tadel dazu angeregt wird. Iwein, (am Anfang des
13. Jahrhunderts verfaßt), ist auch ein Ritter von Artus
Hofe, tödtet den Besitzer eines Zauberbrunnens und heirathet
dessen Wittwe Laudine. Auf daß er nicht, wie Erek, in ein
thatenloses Leben versinke, verläßt er seine Braut auf ein Jahr
und geht neuen Aventüren nach. Da er aber nicht pünktlich

zurückkehrt, verliert er seiner Gattin Gunst und in Folge davon seinen Verstand, so daß er wahnsinnig im Walde umherirrt. Endlich wird er von drei Zauberfrauen geheilt und kommt nach allerlei Kämpfen zu seiner versöhnten Laudine zurück. Gregorius (steht chronologisch zwischen Erek und Jwein) ist die poetische Bearbeitung einer, noch bis in das 16. Jahrhundert gangbaren Kirchenlegende von der blutschänderischen Geburt des heiligen Gregorius, der auch, wie Oedipus, unwissend seine eigene Mutter heirathete, aber dafür büßte, als er es inne wurde, indem er sich mit einem Fußeisen an einen öden Felsen im Meere festschmieden ließ. Da lebte er siebenzehn Jahre ohne Speise, bis er endlich zum Pabste erwählt wurde und seine Eltern entsündigte. Das Mährchen lehrt, wie wahre Buße die Schulden der größten Sünder vertilgt, oder in den Worten des Dichters,

> „Wie sie nach grozer schulde
> erwurben gottes hulde.“

In Hartmann sind die einzelnen Erzählungen geschickt miteinander verbunden und die Handlungen immer gut motivirt, obgleich die Stoffe oft ziemlich isolirt und weit auseinander liegen. Im Allgemeinen ist er kein sehr tiefer Dichter, aber ein Muster in der Kunst des Ausdruckes, der immer angemessen und gewandt ist; er weiß ferner Charaktere zu schildern, Licht und Schatten zu vertheilen, besitzt eine natürliche Anmuth und Lebendigkeit in der Darstellung;

in dieser Hinsicht steht er über Wolfram von Eschenbach,
und in sittlichem Ernst, über Gottfried von Straßburg.
Was die Geschmeidigkeit und Klarheit seiner Poesie anbetrifft, hat Gottfried sehr schön und treffend über ihn geur-
theilt, wo er sin kristalliniu wörtelin [Tristan 117.
21 ff.] preiset.

Wolfram von Eschenbach, ein armer Ritter aus
Franken, scheint im Dienste vieler vornehmer Herren gestan-
den und besonders am glänzenden Hofe des edlen
Landgrafen Hermann von Thüringen gelebt zu
haben. Die Nachrichten, die uns über seine Lebens-
umstände erhalten sind, haben wenig Interesse.
Er starb nach dem Jahre 1215. Seine Werke sind Parzival, Titurel und Willehalm. Wolfram's Hauptge-
dicht ist unstreitig das erste, dessen Mittelpunkt die Sage vom
Gral und von dem Artusritter Parzival (dem britischen Pere-
dur) bildet. Doch hat er aus diesen Fabeln ein Epos geschaffen, das nicht bloß die Thaten der Tapferkeit und der
körperlichen Kräfte darstellt, sondern vielmehr die inneren
Kämpfe der Seele und die geistige Entwickelungsgeschichte des
suchenden, irrenden, aber durch Unschuld und Demuth Alles
besiegenden Menschen. Parzival, der Sohn Gamurets und
der aus dem Geschlechte der Gralshüter entsprossenen Herze-
leide, wird von seiner Mutter in der Einsamkeit des Brezilian-
waldes, fern vom Geräusche der Waffen, erzogen; denn sie

Wolfram von
Eschenbach
nach 1215 ge-
storben.

fürchtet, er möge, wie sein Vater, dessen Gesicht er nie gesehen
hat, „von Thatenlust gedrängt ruhelos von Kampf zu Kampf
und in einen frühen Tod stürmen." Als er nun eines Tages
im Walde einigen Rittern zufällig begegnet, bricht die ererbte
Wander- und Thatenlust im stark erwachsenen Jüngling hervor, trotz der sanften Regungen des Gemüthes, die seine stille
und zärtliche Erziehung in ihm genährt hatte; er will und
muß in die herrliche Ritterwelt hinaus, an König Artus' Hof.
Die Mutter, die ihres Sohnes Sehnsucht nicht besiegen kann,
kleidet ihn in eines Narren Gewand, aus Sacktuch und Käl-
berfell genäht, um ihn dem Spotte der Welt preis zu geben
und zur Rückkehr zu bewegen; aber umsonst,—seine Tapferkeit verschafft ihm baldige Aufnahme in die Tafelrunde. Dann
zieht er nach Abenteuern aus, rettet die von übermüthigen
Freiern in ihrem Schloß belagerte Fürstin Konduiramur und
vermählt sich mit ihr, und gelangt endlich zur Burg des heiligen Grals, wo der durch eine vergiftete Lanze schwer verwun-
dete König Amfortas auf einem Ruhebette liegt. Parzival
fragt nicht nach des Siechen Leide und so verscherzt er den Besitz
der Gralburg, das hohe Gut, das ihm bestimmt gewesen, hätte
er nur gefragt. Er reitet von dannen, und in tiefem Sinnen
und traurigem Verzagen irrt er länger als vier Jahre „fern
von Gott wie von der Heimath" umher; es ist die Zeit des
Zweifels und des Zwiespalts mit sich selbst. Durch einen im
grauen Gewande gekleideten Ritter wird er nun zurechtgewiesen,

an die Treue Gottes gemahnt und zu dem einsiedlerischen Weisen
Trevrizent geleitet, der ihn belehrt, daß nicht durch Weltsinn
und Hochmuth, sondern nur durch Demuth und geistige Reini=
gung das Königthum im Gral zu gewinnen sei. Ein Ausblick
in die Geschichte des Gralritters Lohengrin und die altdeutsche
Schwansage schließt das sittlich großartige und künstlerisch
vollendete Gedicht. Wolfram steht als Epiker weit höher als
Hartmann, besitzt auch größeren sittlichen Ernst und tadelt an
Iwein die Vermählung der Königin mit dem Mörder ihres
Gatten. Es fehlt aber seiner Sprache an Glätte, und seine
Darstellung zeigt einen baroken Humor, und oft unterbricht er
die Erzählung, um Scherze und Witze zu machen, die nicht im=
mer den besten Geschmack an den Tag legen.*

Parzival ist nach französischen Quellen bearbeitet, aber
Wolfram's eigner Geist hat viel mehr hinzugethan, als bei
den übrigen Dichtern dieser Periode üblich ist. Das bunte,
abenteuerliche Ritterleben bildet nur den Hintergrund, nicht
die Hauptsache; das ist die innere Geschichte einer menschlichen
Seele, die das höchste Glück der Seligkeit (Gral) sucht.

---

* Nicht nur die poetische Tiefe gibt dem Wolfram einen besondern
Werth, sondern seine Sprache ist als eine ganz originelle, bis jetzt noch
unübersetzte, sehr schwierig zu verstehen; viele dunkle Stellen erschwe=
ren die Lection so bedeutend, daß neben ihm, jeder andere Mhd. Schrift=
steller leicht erscheint. Wie von den Mhd. Dichtern überhaupt, so
wissen wir von W. wenig und nur so viel als er selbst zerstreut von sich
erzählt.

Göthe's Faust ist das einzige Werk in der deutschen Literatur mit dem der Parzival verglichen werden kann. Parzival ist ein psychologisches Epos; Faust, ein psychologisches Drama. Parzival entwickelt die Geschichte des Zweifels im Menschen aus dem natürlichen, unbewußten Leben; Faust erscheint zuerst als vollständig ausgebildeter Zweifler, aber das Göthe'sche Gedicht hat den Vortheil, daß im Hintergrund, des Denkers Zweifeln und Grübeleien gegenüber, sich das frohe, befriedigende Volksleben zeigt. Vilmar sieht in Göthe's Faust das treue, wahrhaftige, lebenswarme Bild einer Zeit, welche mit allen Seelenkräften suchte aber nicht fand, und in Wolfram's Parzival, das gestaltenreiche, farbenglühende Product eines Jahrhunderts, welches gesucht und gefunden hatte; doch muß man dabei nicht vergessen, daß die Lösung des geheimnißvollen Problems, die den Parzival von allem Zweifel befreit hatte, nach sechshundert Jahren den Faust nicht mehr zufrieden stellen würde. Das Gedicht Wolfram's kann gleichfalls als ein zweiter, christlicher Theil des Alexanderlieds Lamprecht's angesehen werden; aber nur einem Dante war es in jener Zeit gegeben diese Frage nach der Läuterung und Seligkeit des inneren Lebens zu erledigen. (Vergl. hierüber Gervinus, I. S. 400.)

Vom Heldengedicht Titurel sind nur zwei Bruchstücke erhalten; das Fragment ist, der Form nach, sehr kunstreich und enthält einige der schönsten Strophen in der ganzen höfischen Poesie; wenn es vollendet wäre, so wäre es das bedeu-

3

tendste Gedicht des Mittelalters. Eine langweilige und
schwülstige Fortsetzung desselben Stoffes von Wolfram's
Schüler, Albrecht von Scharfenberg (1270), wird der jüngere
Titurel genannt. Willehalm gehört dem Sagenkreise
von Karl dem Großen an. Der Held ist Wilhelm von
Oranse. Das Gedicht ist nur ein Bruchstück; eine spätere
Ergänzung von Ulrich von Türheim ist nie gedruckt worden,
soll aber, nach denen, die die Handschrift gelesen, ein sehr
trockenes und ermüdendes Product sein.

Von dem Leben Gottfried's von Straßburg wissen wir äußerst wenig. Er war weder Ritter noch
Geistlicher, sondern von bürgerlicher Abkunft, und
bildet in fast jeder Hinsicht einen schneidenden
Gegensatz zu Wolfram. Sein Hauptwerk ist
Tristan und Isolde (um 1210 nach einem französischen Muster gedichtet); es fällt chronologisch zwischen Parzival und Willehalm; denn im Tristan (118. 25. Maßmann)
wird Parzival angegriffen und im Willehalm (4.19.) findet
sich eine Erwiederung von Wolfram. Tristan und Isolde ist
eine der ältesten und verbreitesten europäischen Sagen; eine
Bearbeitung derselben aus dem 13. Jahrhundert hat Walter
Scott herausgegeben: in neueren Zeiten sind Dichter wie
Karl Immermann und Heinrich Kurtz von diesem Stoffe an-
gezogen worden.

Der Inhalt ist der: Nach dem Tode von Tristan's Eltern

wird der Sohn, nicht einsam wie Parzival, sondern in vorneh=
mer Gesellschaft erzogen und in allen höfischen Künsten geübt,
die einem feinen Ritter anstehen. Er wandert umher, besteht
manche Abenteuer und endlich übernimmt er für seinen alten
Oheim Marke von Cornwallis die Werbung der blonden
Isolde von Irland. Die Mutter der jungen Braut mischt,
um ihre Tochter an den bejahrten Gatten zu binden, einen
Zaubertrank, den Tristan und Isolde auf der Seereise, ohne
die Wirkung desselben zu ahnen, trinken; nun entflammt in
beider Seele die heiße, unauslöschliche Liebe zu einander.
Dennoch wird Isolde Marke's Gattin, vermag aber nicht ihre
Neigung zu Tristan zu beherrschen, sondern wendet List und
Lüge und alle Künste der verbrecherischen Liebesklugheit an,
um ihren Gatten zu betrügen und ihr verborgenes Verhältniß
mit dem Geliebten fortzusetzen. Endlich wird Marke die Lage
der Dinge gewahr und vertreibt von seinem Hofe die beiden
Liebenden, die sich nach einem Walde begeben, wo sie in einer
Höhle so glücklich und befriedigt leben, daß sie darüber alle
Lebensforgen und selbst die Nahrung vergessen. Des Dich=
ters Schilderung von diesem Zustande, und die Betrachtung
die er über die Minne einflicht, sind äußerst zart und zugleich
sehr spitzig. Von der in solchen Fällen angewandten Hut
eines Weibes sagt er:

> „huote ist verlorn an wibe,
> dar umbe daz dehein man

der übelen niht gehüeten kan.
der guoten darf man hüeten niht
si hüetet selbe, als man giht.“

Nach einer Reihe ähnlicher Aventüren geht Tristan in die
Normandie und verliebt sich in eine andere Isolde. Hier bricht
Gottfried's Gedicht ab.

Als Kunstwerk ist dieses Gedicht schwer zu beurtheilen; es
herrschen darüber sehr verschiedene Meinungen. Nach Lach=
mann's Ansicht ist es ein Gemisch von Tugendverspottung und
Gotteslästerung. Gervinus sieht Tristan an als ein Spiel=
zeug von Glück und Leidenschaft: einen leichtsinnigen Weltmann,
den die Sophistik der Liebe zur Untreue treibt und die Sophistik
des Schicksals mit rächender Vergeltung trifft. Gottfried will
in diesem Gedicht die sinnliche Liebe im Conflict mit der Pflicht
verherrlichen. Durch den nämlichen Seelenzwiespalt geht
Göthe's Werther zu Grunde; so hat Shakespeare's Romeo
sich selbst verloren, indem er sein ganzes krankes, stillkochendes,
tristes Wesen von der Leidenschaft überwinden ließ ; denn die
Liebe gleicht einer süßen Blume, die, wie der Bruder Laurenz
sagt, giftige Säfte beherbergt (poison hath residence,
Romeo and Juliet, Act II. Sc. 3). Tristan und Isolde
sind die Opfer einer nichts achtenden, alle Rechte verhöhnenden
Geschlechtsliebe, deren unheilvoller Brand die Menschenseele
entkräftet und aufzehrt. Die Darstellung ist nicht nur leicht
und fließend, sondern auch höchst glänzend und von glühender

Färbung. Der Dichter weilt etwas zu lange beim Ausmalen der Gefühle, aber nie ist diese Welt der Sinnentriebe mit größerer psychologischer Wahrheit geschildert worden. Gottfried vermeidet auch die zu ausführliche Beschreibung von Festen, Turnieren, 2c., und steht in Styl, Stoff und Gedanken dem Wolfram so schroff gegenüber, daß der Leser kaum glauben kann, gleichzeitige Dichter vor sich zu haben.

Ueber einige Dichter zweiten Ranges aus dieser Periode dürfen wir ganz kurz sein: Wirnt von Gravenberg (aus der Gegend zwischen Nürnberg und Baireuth) dichtete (1209) Wigalois nach der mündlichen Erzählung eines Knappen; in der Darstellung kommt er seinem Muster Hartmann sehr nahe, flicht aber zu viel zerstreute, trockene Reflexionen ein. Zwischen die Jahre 1225 und 1300 fällt die Epigonenzeit des ritterlichen Epos, die Zeit der Nachblüthe und der Nachahmung, welche noch ein ererbtes Gefühl für das Poetische besitzt, aber alle dichterische Schöpferkraft verloren hat. Zu den Besten dieser Dichter gehört Konrad Fleck, ein schwäbischer Ritter, der in seinem, nach dem Provenzalischen bearbeiteten Gedicht Flore und Blancheflur, die Jugendliebe zweier zur selben Stunde geborenen Kinder in zierlicher Sprache erzählt. Der Stricker aus Oesterreich schrieb, Amis, Karl und noch andere Stücke; am besten gelingt es ihm in kleinen und besonders in komischen Geschich=

Einige weniger bedeutende Dichter der sogenannten Epigonenzeit.

ten. Die oben erwähnten Dichter sind alle Nachahmer Hart=
mann's. Rudolf von Ems dagegen (blühte 1220–54)
ist in Styl und Ausführung, selbst in Einzelheiten, ein
Nachahmer Gottfried's von Straßburg. Seine Hauptdichtun=
gen sind Der gute Gerhard, Barlaam und Jo=
saphat, Wilhelm von Orleans (1241) und eine
Weltchronik, meist biblische Geschichte bis auf Salomo.
Der eigentliche Mittelpunkt der Epigonendichtung ist Konrad
von Würzburg (1287 gestorben). Er klagt über die Karg=
heit der Fürsten, den Verfall der Kunst und über Verkennung
Seitens der Zeitgenossen, besitzt eine geläufige Sprache, einen
künstlichen Versbau, große Gewandtheit und Vielseitigkeit, ist
aber zu sehr mit pomphaften Phrasen und Schilderungen
überladen (er versuchte den Meister Gottfried in dieser Hinsicht
noch zu übertreffen), zeichnet sich jedoch in kleinen Erzählun=
gen aus. Seine große Epopee, der trojanische Krieg,
ist das umfangreichste Werk der mittelhochdeutschen Literatur
und enthält etwa 60,000 Verse. Seine kleineren Sachen sind
oft äußerst ansprechend: Klage der Kunst (eine Alle=
gorie), Silvester, der Schwanenritter, die gol=
dene Schmiede (eine Hymne auf Maria); in Engel=
hart und Engeltrut schildert er die Freundschaft zweier
Freunde, deren einer seine Kinder tödtete, um mit dem Blut
den Aussatz des anderen zu heilen. Die genaue und ausführ=
liche Beschreibung des Aussatzes ist sehr wichtig sowohl für

die Geschichte dieser Krankheit als auch für die der Medicin im Mittelalter.

Dieser Verfallszeit der ritterlichen Dichtkunst gehört auch der schon erwähnte Albrecht von Scharfenberg an (1255–72), der ein über alles Maß ausgedehntes Gedicht, den sogenannten jüngeren Titurel nach Wolframs Vorbild bearbeitet. Das Stück wurde im Mittelalter viel gelesen und ist in neuerer Zeit grenzenlos gepriesen. Rosenkranz hat es sogar Dante's *Divina Commedia* an die Seite gestellt, aber mit großem Unrecht; im Ganzen ist es ein höchst gedunsenes und mittelmäßiges Product. Der Verfasser hat Gedanken, Styl, Versbau, Redensarten, Gleichnisse, alles was darin schön ist, von Wolfram gestohlen; seine an Ludwig von Baiern (der 1253 die Regierung antrat) gerichtete Zueignung ist ein keckes Plagiat der Zueignung des Parzival. Lohengrin (am Anfang des 14. Jahrhunderts verfaßt) beginnt mit dem Wartburgkriege (1206) und erzählt die Thaten und Schicksale des Sohnes Parzivals; ist nicht von großem poetischem Werth, interessant aber, weil der Dichter bei der Beschreibung einer Hochzeit, einige lebendige Züge aus dem damaligen Leben einflicht.

Neben der höfischen Epopee ist auch die ritterliche Lyrik in dieser Periode sehr reichhaltig vertreten, wenn sie gleich in ihren Stoffen beschränkter ist als, das Epos. Die deutsche Lyrik hat einen weicheren, weiblicheren Character als die provenzalische Troubadourpoesie; nur wenige Minnedichter verherrlichen den Krieg und die kriegerische Tapferkeit; „sie singen von Lenz und Liebe," vom Sommer und seiner Wonne, vom Winter und seinen Schmerzen, von allen süßen Empfindungen der Menschenbrust, von der Religion, von Gott und vom Vaterland. Aber der Liebe Lust und Leid bilden den Hauptgegenstand. Wirkliche Herzenszustände lagen nicht immer diesen Liedern zum Grunde (Parzival 587. 7.); es war höfische Sitte und gehörte zum guten Ton, ein Minnelied dichten zu können. Der Ritter oder Sänger erwählte eine ihm oft persönlich unbekannte Geliebte; ob verheirathet oder nicht, war ihm ganz gleichgültig. Die Dame gab ihm Pfänder und Geschenke, die er an Schild oder Lanze trug, und er vollzog allerlei ritterliche Thaten im Dienste seiner Herzensgebieterin und ihr zu Ehren; zu derselben Zeit hat er auch vielleicht (wie Ulrich von Lichtenstein 1200—1276) noch Weib und Kinder zu Hause gelassen. Doch ging es nicht immer so toll zu wie bei dem närrischen Ulrich, der sogar köstliche Frauentracht anlegte und als Frau Venus weit und breit im Lande umherwanderte. Naturschilderungen kommen in den Minnegesängen häufig vor, besonders in der Einleitung; sie sind aber nicht so umfassend und speciell wie in der neueren Dichtung; bei passenden Stellen, wo z. B. der Wächter die Liebenden vor Tagesanbruch auffordert, sich zu trennen und nach Hause zu gehen. wird eine Beschreibung des Morgens mit Bezugnahme auf Rosen und Lilien, Linden und Nachtigallen, als Symbole und Bilder der Liebe eingeflochten. Die Form der lyrischen Poesie war anfänglich sehr einfach; später schuf man ausgesuchtere Formen und sehr verschlungene und künstlich durcheinander gekreuzte Reime (Vergl. Wilh. Grimm's Geschichte des Reimes).

Einzelne deutsche Lyriker sind die folgenden: **Spervogel** (dem Anfang des 13. Jahrhunderts gehörend), vorwiegend lehrhaft und gnomisch; **Reinmar der Alte** (1190–1200), durch zärtliche Empfindung und Sinnlichkeit ausgezeichnet. Sein Schüler war **Walther von der Vogelweide** (1160–1230), unstreitig der vielseitigste und innigste Lyriker, der je in Deutschland gedichtet hat; ein Poet,

Spervogel. Reinmar der Alte und sein Schüler Walther von der Vogelweide 1160–1230.

der in jedem Jahrhundert vortrefflich gewesen wäre. Er hat sich an Reinmar gebildet, aber ihn weit übertroffen; er steht auf dem Gipfelpunkt der mittelalterlichen Lyrik und wird von Gottfried (Tristan 4794) als der Führer des Nachtigallenchors gepriesen. Seine Minnelieder sind zärtlich, schalkhaft und harmonisch; seine religiösen Gesänge zeigen große Tiefe und Andacht; seine moralischen, politischen und satyrisch=didaktischen Gedichte sind die vorzüglichsten im Mittelalter. Er rügt mit männlichem Ernst die Verweltlichung, Habsucht und Gleißnerei der Geistlichkeit, und im Streit zwischen dem Papst und dem deutschen Kaiser, nimmt er immer Partei

3*

gegen den ersteren und versicht die Rechte des Vaterlandes.
(Vergl. Simrock's Uebersetzung nebst lehrreichen Anmerkungen
von Wackernagel, letzte Ausgabe 1853 ; auch Walther's Leben
von L. Uhland, 1822.) Walther von der Vogelweide starb
zu Würzburg und liegt im Hofe des dortigen neuen Münsters
unter einem Baume begraben. Er verfügte in seinem letzten
Willen, daß seinem Namen zu lieb, auf seinem Leichenstein
die Vögel täglich geweidet würden, und deßhalb ließ er
darin vier Löcher für Semmelkrumen machen. Dieses Ver-
mächtniß des lieblichen Sängers wurde lange Zeit geehrt ;
„bis später in der gierigen Zeit des 15. Jahrhunderts die
Chorherrn es bequemer fanden, die Semmel selbst zu essen,
als sie den Vöglein hinzustreuen."

Die Kehrseite des höfischen Gesanges bilden die Lieder des
baierischen Ritters Neidhart (blühte 1217–34). Sie

*Der spätere
Minnegesang
meistens von
Bürgern ge-
pflegt, und
ten Ueber-
gang zum
Meisterge-
sang bildend.*

schildern das frohe, derbe Leben und Treiben der
Bauern, ihre Tänze und Schlägereien, und besonders ihre hoffärtige Kleiderpracht und das tölpelhafte Prunken mit Waffentragen, wodurch sie es den
Rittern gleich zu thun suchten und sogar den Neid
der Adeligen zu reizen vermochten. Ein Vertreter
derselben Tendenz ist auch der Tanhäuser
(lebte um die Mitte des 13. Jahrh.), der in seinen Gedichten
über ländliche Festlust und Ausgelassenheit allerlei Weisheits-
sprüche und weltmännische Gelehrsamkeit auskramt. Hierher

gehören gleichfalls Ulrich von Lichtenſteins F r a u e n d i e n ſt
und F r a u e n b u ch ; aber im niedrigſten Styl dieſer Dorf=
poeſie abgefaßt ſind die Lieder von S t e i n m a r (in der zwei=
ten Hälfte des 13. Jahrh.), der das Minneweſen ganz in den
bäueriſchen Unflath herabzieht.   Seine Herzenskönigin iſt
nur eine gemeine Dirne „die nach Kraute geht" und ſich über
„Geſchenke von Schuhen und Linnen" freut.   In gleichem
Geſchmack dichtete J o h a n n H a d l a u b (1300) Ernte=Zech=
und Schmauslieder.   H e i n r i ch v o n M e i ſſ e n (1318
geſtorben) war ein fahrender Sänger mittlern Standes, und
ſoll auch Doctor der Theologie geweſen ſein.   Sein Bei=
name Frauenlob rührte daher, daß er im Widerſpruch mit an=
dern Dichtern die Benennung F r a u über W e i b erhob.
In Mainz, wo er ſtarb, trugen ihn Frauen unter Thränen
und Wehklagen zu Grabe.   Seine Gedichte ſind in der Form
ziemlich verſchroben und überkünſtlich und ſuchen mit mühſeli=
gen Wortſpielen und gelehrtem Dunkel zu imponiren; ſelbſt die
Nachtwächter benennen die Planeten mit ihren lateiniſchen Na=
men.   Er ſcheint unter dem Einfluß der ſcholaſtiſchen Philo=
ſophie gedichtet zu haben.   Seine Werke ſind neulich (1843),
von Ludwig Ettmüller erläutert, herausgegeben worden.   Sein
Schüler B a r t h e l R e g e n b o g e n , der Schmied, iſt viel
einfacher, inhaltsvoller und volksthümlicher.

Die zwei letzteren Dichter bezeichnen den Zeitpunkt, wo die
lyriſche Poeſie in die didaktiſche übergeht.   Die Lehrgedichte

Das Lehrge=
dicht der 13.
Jahrhun=
derts, wovon
Thomasin's
v. Zirclär,
Freidank und
Hugo v.
Trimberg die
Hauptvertre=
ter sind.

des 13. Jahrhunderts vertreten mehr das bürger=
liche Element; deshalb ist ihr historischer Werth
sehr hoch anzuschlagen. Sie stellen sich hauptsäch=
lich auf den Standpunkt der Menschenkenntniß und
Lebensklugheit, eben so wie die griechischen Denk=
sprüche auf Selbsterkenntniß und die hebräischen
(Salomo's) auf moralische Belehrung ausgehen.
Die bedeutendsten und berühmtesten Lehrgedichte
dieser Periode sind der wälsche Gast Thomasin's
von Zircläre (1215–16), Freidank's Beschei=
denheit (1229) und der Renner des Hugo von
Trimberg (1260–1309). Der wälsche Gast zerfällt
in zehn Bücher, die in zehn Monaten geschrieben wurden.
Bücher zwei bis acht (inclusiv) bilden den Kern des Gedichts,
welches eine Art von philosophischem System entwickelt, wo=
rin alle Tugenden aus der Stäte, und alle Untugenden aus
der Unstäte abgeleitet werden. Der Verfasser, wahrscheinlich
ein Italiener aus Friaul gebürtig und in Bologna gebildet,
bittet um Nachsicht mit seiner deutschen Rede, in der es ihm
an Gewandtheit fehle. Wilhelm Grimm urtheilt zu streng,
wo er das Stück als „gleichformige Geistlosigkeit" charakterisirt;
Gervinus dagegen in einer ausführlichen Analyse des Gedichtes
(I. 429.) stellt vielleicht den Werth desselben zu hoch.

Freidank's Bescheidenheit (Bescheidenheit im mittel=
alterlichen Sinne, d. h. Weltklugheit, Einsicht, richtige Beurthei=

lung der Dinge) behandelt die Thorheiten und Laster der Men=
schen, und enthält viele wohl geordnete, prägnante, kernhafte
Sprüche aus dem religiösen und socialen Leben ; auch Schilder=
ungen von Rom (s. 148.) und dem Orient. Die einzelnen
Theile des aus gnomischen Sätzen und Reflexionen bestehenden
Gedichts sind in der Regel sehr geschickt an einander gefügt.
Der Renner (1300 verfaßt) ist ein Sittengedicht von 24656
Versen, nicht so systematisch im Plan wie der wälsche Gast, aber
frisch, lebhaft und gewandt in der Darstellung. Den Namen
Renner gab der Dichter seinem Werke, wie er selbst im Ein=
gang sagt, „weil es soll durch alle Lande rennen“ ; an einer
andern Stelle (V. 13860) erläutert er diese Benennung aus
dem verschiedenartigen, planlosen Charakter seines Buches,
worin ein Gedicht nach dem andern renne und sein Musenpferd
mit ihm davon renne und ihn gewaltsam dahin reiße.

„Ueber Stock und Stein, über Blumen und Lachen,
Trägt es mich hinweg von manchen Sachen.“

Unter den kleineren Lehrgedichten erwähnen wir nur Cato,
eine Sammlung lateinisch abgefaßter und in deutsche Verse
übertragener Lebensregeln, und den Winsbeken, in welchem
ein greiser Vater seinem Sohne gute Lehren über höfische Zucht
und Sitte und liebevolle Ermahnungen zu einem tugendhaften
und thätigen Leben giebt ; das letztere Stück zeichnet sich durch
gediegenen Inhalt und schöne Sprache aus.

Die Denkmäler der deutschen Prosa im 13. Jahrhundert be=

Prosaent=
mäler dieser
Periode. stehen theils in kirchlichen und religiösen Werken,
theils in Rechtsformeln und verwandten Urkunden.
Den meisten Werth haben die Predigten des Minoriten Bert=
hold (1272 gestorben), aus Winterthur in der Schweiz gebür=
tig. Die bedeutendsten unter den die Rechtsverhältniße betref=
fenden Denkmäler sind der Sachsenspiegel und der
Schwabenspiegel.

Gerade als die ritterliche Lyrik ihre schönsten Blüthen trieb,
und zu einer Zeit, wo die Minne die ganze Dichtung be=
herrschte, erhielt das deutsche Volks=Epos seine letzte Ausbil=
dung und Aufzeichnung in jenen großen Gedichten, die uns noch
vollständig erhalten sind; vor allem in dem Nibelungen=
liede. Die Quellen sind historische und mythische
Die letzte
Ausbildung
des Volks=
Epos wäh=
rend des 13.
Jahrhun=
derts. Erzählungen aus der Periode der Völkerwander=
ung. (Siehe W. Grimm, die deutsche Heldensage,
mit den griechischen Sagen verglichen.) Der
Stoff des Nibelungenliedes zerfällt in die vier
schon erwähnten Abtheilungen oder Sagenkreise,
auf deren Grundlagen das Heldengedicht erwuchs. Ein
fünfter (nordisch=sächsischer) Sagenkreis umfaßt den Gudrun.
Im 6. Jahrhundert war die Nibelungen=Sage im nördlichen
Europa sehr verbreitet, und im 8. Jahrhundert schon nach
England übergegangen. In dem angelsächsischen Beowulf
(Versen 1772–90) ist Siegfried's Kampf mit dem Drachen er=
zählt. Sie ist auch in dänischen Volksliedern noch erhalten, be=

sonders auf den Färöer=Inseln, wo sie an Winterabenden
in einer sehr vollständigen Form gesungen wird. Alle Sagen
entwickeln sich aus kleinen, historischen Kernen ; durch innere,
organische Kraft dehnen sie ihre Zweige aus, wie die riesigen
Pflanzen der früheren geologischen Perioden, und endlich ster=
ben sie ab, wenn die Atmosphäre ihnen nicht mehr günstig ist.
Die nordeuropäische Form der Nibelungen=Sage (die Edda)
enthält die alten mythischen und religiösen Bestandtheile
(Siegfried's Abenteuer) ; die südeuropäische, mehr die ge=
schichtlichen (Etzel, Dietrich und die Burgunden) : beide zu=
sammengehalten durch Kriemhilde, die Schwester der Bur=
gunderkönige, die Gemahlin Siegfrieds, und nach dessen Er=
mordung um der Rache willen die Gattin Etzels. In der
skandinavischen Wilkenasage wird erzählt, wie Siegfried ge=
boren, in ein auf dem Fluß schwimmendes Kästchen gesteckt
und so vom Tode errettet wurde : eine sehr alte Legende, die
auch an die Jugend des Moses und des Cyrus erinnert.

Der Inhalt des Nibelungenliedes ist, kurz gefaßt, der fol=
gende : der erste Theil schildert, wie Siegfried mit einem glän=
zenden Gefolge nach Worms kommt, um Kriemhilde, die Schwe=
ster des Königs Gunther, zu freien. Als er vor dem Königs=
saale mit seinen Mannen anhält, kennt ihn Niemand, bis Hagen,
Gunther's Dienstmann, dem alle Lande kund sind, vermuthet der
Jüngling von königlicher Gestalt müsse Siegfried sein, genannt
der Gehörnte, weil er sich im Blut des von ihm erschlagenen

Lindwurmes gewälzt und seinen Körper unverwund=
bar und wie von Horn gemacht habe. Nach
einiger Zeit will Gunther um Brunhilde werben, eine Köni=
gin, die über Jsenland herrscht, herrlich in wunderbarer
Schönheit, aber auch mit wunderbarer, unheimlicher Stärke
begabt. Mit jedem Freier streitet sie um ihre Minne im
Wettkampf: wer siegt, dem will sie sich ergeben; wer unter=
liegt, verliert das Haupt. Bei diesem gefährlichen Unterneh=
men wird Gunther von dem vermittelst einer Tarnkappe un=
sichtbar gemachten Siegfried unterstützt; die Königin wird
in einer Reihe von Kampfspielen überwunden und als Gun=
ther's Braut nach Worms geführt. Für diesen Dienst erhält
Siegfried die Kriemhilde zur Gattin und kehrt mit ihr nach
Xanten zurück. Nach zehn Jahren besuchen sie ihre Ver=
wandten in Worms und werden glänzend empfangen; bald
aber gerathen die Frauen in eifersüchtigen Streit über den
Rang und Vorzug ihrer Männer und den Vortritt beim
Kirchgang, und in Folge davon fällt Siegfried als Opfer der
Rache Brunhildens von Hagens Hand. Der zweite Theil er=
zählt wie Kriemhilde nach dreizehnjähriger Trauer, die Wer=
bung des Hunnenkönigs Etzel (Attila) annimmt, weil sie darin
das einzige Mittel sieht, sich an Hagen wegen des Meuchel=
mords zu rächen. Dreizehn Jahre sitzt sie mit Etzel auf dem
Throne des Hunnenlandes, bis ihr Racheplan reif wird; dann
schickt sie Boten nach Worms, um ihre Verwandten zum Besuche

zu ſich einzuladen. Nach ſiebentägigem Bedenken wird die
Einladung von den Burgundern (gewöhnlich Nibelungen ge=
nannt) angenommen, die nach Ungarn ziehen und an Etzel's
Hofe ihren gänzlichen Untergang finden. Kriemhilde, die ihren
Bruder Gunther tödten läßt und dem Hagen den Kopf eigen=
händig abſchlägt, wird zuletzt von dem alten Hildebrand ermor=
det. Nur drei, Etzel, Dietrich und Hildebrand, überleben die
furchtbare Metzelei und betrauern den Tod ihrer Helden, als
ſie die Leichen der Erſchlagenen zum Begräbniß aufſuchen.
Dies wird in der Klage, einem im Tone tiefer Wehmuth
ausklingenden Anhang zum Nibelungenliede, geſchildert.

Wie nun iſt das Nibelungenlied entſtanden? Einige ſuchen
eine hiſtoriſche Grundlage in den Kämpfen der Guelfen und
Gibellinen (Göttling's Geſchichte des Nibelungen=
lieds); andere glauben, Siegfried ſei der altdeutſche $\quad$ Die Entſte=
Kämpfer gegen die Römer (den Drachen); andere $\quad$ hung deſſel=
$\quad$ ben.
noch gehen in die altfränkiſche Geſchichte zurück und finden Erin=
nerungen an Karls des Großen Kriege mit den Sachſen und
Wittekinds hülfeſuchende Flucht (i. J. 777) zu Siegfried dem
Könige der Dänen (Wackernagel). Allein die hiſtoriſche Wahr=
heit des Epos, im Nibelungenliede, wie im Homer, liegt weniger
in Jahrszahlen und Thatſachen, als in der getreuen Auffaſſung
des allgemeinen menſchlichen Lebens und in der reinen Abſpiege=
lung der Geſinnung und der Sitte eines einzelnen Volkes. Sieg=
fried entzieht ſich faſt allen dieſen Verſuchen, ihn zeitlich oder ört=

lich festzustellen ; geschichtlich aber sind die Burgunden und deren
Vernichtung durch Attila, die faktisch in Gallien (436) sich ereig=
net, im Gedicht aber nach Ungarn verlegt wird ; auch geschichtlich
ist Dietrich aus dem königlichen Geschlecht der Amaler (Vgl.
Vilmar).　　Dazu kommt eine Reihe von mythologischen Er=
klärungen : Lachmann's Behauptung, daß Gunther mythisch
sein müsse, weil derselbe nicht habe zugleich König der Franken
und der Burgunder sein können, nimmt nicht in Betracht, daß
das burgundische Reich von den Franken (534) erobert wurde
und in das fränkische Reich überging.　　Von der Hagen (Die
Nibelungen, ihre Bedeutung für die Gegenwart und für im=
mer. Berlin, 1819.) legt das Gedicht als eine Schöpfungsge=
schichte aus, aber nicht mit hinreichenden Beweisen.　　Es ist auch
als ein chemischer Proceß (worin Etzel den Kalk personificiren
soll, u. s. w.) erklärt worden.　　Siehe hierüber W. Müller's
Versuch einer Mythologischen Erklärung der Nibelungensage.

　　Für die Kenntniß des epischen Entwickelungsganges dieser
aus Mährchen und Geschichte entlehnten Stoffe ist die Dietrich=
sage am allerlehrreichsten.　　Sie scheidet sich in zwei Haupt=
abtheilungen : 1. Dietrich's Jugend, Kämpfe, u. s. w. ; 2.
Sein Verhältniß zu Etzel, dem römischen Kaiser Otacher
(Odoaker) und dem Ostgothenkönig Ermanrich.　　Sagen sind
nie chronologisch wahr.　　Theodorich von Verona wird in
der Sage (wo er Dietrich von Bern heißt) zum Träger und
Mittelpunkt der ostgothischen Geschichte gemacht.　　Dietrich's

Flucht zu Etzel und der Untergang ſeiner Mannen entſprechen der Unterwerfung der Oſtgothen von den Hunnen zur Zeit des Theodorich, und der ſpäteren Zerſtörung ihres Reiches durch die Feldherrn des byzantiniſchen Kaiſerthums. Es fin=
den ſich darin auch einige mythiſche Elemente wie wilde Fräu=
lein (V. 161.), wilde Jäger (Odin) u. ſ. w.

Hieraus ſehen wir, wie die alten Deutſchen ihre Geſchichte und Religion auffaßten und fortpflanzten. In den deutſchen Sagen tritt das rein Menſchliche mehr hervor, als in den bretoniſchen; in den letzteren haben wir nur gerüſtete Ritter, die Abenteuer ſuchen bloß der Abenteuer wegen; in den erſteren zeigen ſich mehr ſittliche und menſchliche Beweggründe, welche die Ritter in den Kampf treiben. Kein höfiſcher Dich=
ter bearbeitete die nationalen Stoffe der Heldenſagen; ſie ſind durchaus volksmäßig in Styl und Ausführung; nur in Reim und Versbau ſind ſie künſtlich geſtaltet und verweilen auch bei Kampfſchilderungen, ꝛc., eben ſo gern wie die ritter=
lichen Epen. Daß ſie nicht von fahrenden Leuten herrühren, bezeugen ferner ihr Ton und Colorit. Das Nibelungenlied iſt in fünf und zwanzig Handſchriften vorhanden (nicht alle vollſtändig); die bekannteſten und werthvollſten ſind: die Hohenems-München'ſche (Lachmann's Ausgabe), die Hand=
ſchrift zu St. Gallen (v. d. Hagen's) und die Hohenems-Laß=
berg'ſche (Holtzmann's). Jede Handſchrift iſt wahrſcheinlich ſelbſtſtändig niedergeſchrieben worden, und deshalb kann man

keine als die ursprüngliche ansehen. Sehr berüchtigt ist das Urtheil, welches Friedrich der Große in einer Zuschrift an den Schweizer, C. H. Müller, über das Nibelungenlied aussprach:

Urtheil Friedrichs des Großen darüber. „Ihr habt eine viel zu vortheilhafte Meinung von diesen Dingen. Meines Bedünkens sind sie nicht einen Schuß Pulver werth und verdienen nicht, aus dem Staube der Vergessenheit gezogen zu werden; in meiner Büchersammlung würde ich dergleichen elendes Zeug nicht dulden sondern herausschmeißen." Dieser Brief befindet sich gegenwärtig in der Stadt-Bibliothek zu Zürich unter Glas und Rahmen aufbewahrt.

Das Nibelungenlied ist im zweiten Theil mehr zu einem poetischen Ganzen abgerundet, als die Edda. Kriemhilde bildet den Mittelpunkt des tragischen Epos. Die Handlung ist durchaus frei und großartig; die Personen bestimmen selbst ihr Schicksal; wunderbar auch ist die psychologische Wahrheit entfaltet in der Schilderung des eifersüchtigen Streites zwischen Kriemhilde und Brunhilde. Die Charaktere sind riesenstark im Guten, wie im Bösen, und ganz entschieden in Thaten. In Hagen, offenbar des Dichters Liebling, liegt eine dämonische Kraft. Aber als Ganzes ist das Gedicht mangelhaft, weil ungleich in der Ausführung, die nicht immer dem Inhalt angemessen; es enthält auch einige Widersprüche: z. B. im ersten Theil ist Dankwart als wackerer Held („vil snelle" V. 9.) geschildert; im zweiten Theil da=

gegen, sagt er, er wäre noch ein kleines Kind („ein wênic
kindel, "B. 1861) als Siegfried das Leben verlor: im ersten
Theil ist Volker erwähnt, im zweiten (B. 1417) wird von
ihm gesprochen als nicht früher bekannt.   Was Zeit und Ort
anbetrifft, so wurde das Gedicht wahrscheinlich am Anfang des
13. Jahrhunderts in Oesterreich verfaßt; nicht eher, wegen
Eigenthümlichkeiten der Sprache; nicht später, weil eine Stelle
im Parzival (420. 52.) sich auf Vers 1497 in den Nibelungen
(Holzmann's Ausgabe) bezieht: auch finden sich mehrere Aus=
brücke in dem Nibelungenlied die häufig in österreichischen
Dichtern vorkommen.   Lachmann hat Wolf's Ansichten über
Homer auf die Nibelungen angewandt und das Epos in zwanzig
Lieder getheilt.   Wilhelm Müller widerlegt diese Ansichten
und vertheidigt die Einheit des Gedichts.   Die beste Ueber=
setzung ins Neudeutsche ist diejenige von Simrock.

Das Lied von Gudrun, (1220 verfaßt) die „Neben=
sonne der Nibelungen" genannt, verhält sich zu dem großen
deutschen Heldengedicht, wie die Odyssee zur Ilias; zu dem
Heldenhaften fügt sich hier das Idyllische, das
Rührende, das Häusliche.   Der Stoff gehört   Gudrun.
dem Sagenkreise der Nordsee an, und gewährt einen eigen=
thümlichen Reiz schon dadurch, daß er einen ganz neuen Hori=
zont in der deutschen Dichtung ausspannt, und uns zum
ersten Male mit dem See= und Schiffwesen der nordischen
Völker bekannt macht.   Den Mittelpunkt aber bildet die

milde Treue und weibliche Hingebung der Heldin Gudrun, die
in Seelenruhe und Herzensreinheit leidet und duldet, während
Kriemhilde wie eine Rachegöttin handelt.

Das Gedicht besteht aus drei, ursprünglich gewiß nicht
zu einander gehörigen Theilen: 1. H a g e n , der junge Sohn
Siegebant's König's von Eyrland, wird am zehnten Tage
eines großen Festes von einem Greifen in sein Nest getragen ;
aber das Kind entkommt und findet in der Wildniß drei eben=
falls von dem Greifen geraubte Königstöchter, von denen es
kümmerlich ernährt wird. Im Umgang mit den Thieren
lernt der Knabe körperliche Gewandtheit und nach einigen

Analyse des Jahren kehrt er nach Eyrland zurück, erhält die
Gedichts.   Regierung und vermählt sich mit einer der drei
nie alternden Jungfrauen, Hilde aus Indien.   2.
H i l d e , so heißt Hagens Tochter nach ihrer Mutter Namen,
wird sehr sorgsam und eifersüchtig von ihrem Vater erzogen.
Er gönnt ihr keinen Freier, läßt die Boten hängen und will
nur den Bewerber als Eidam anerkennen, der ihm selbst an
Stärke überlegen ist. Auch König Hetel in Hegelingen will
um die schöne Hilde werben, und sendet nach Eyrland drei
seiner Edelleute, Wate den Starken, Frute den Freigebigen
und Horrand den lieblichen Sänger, die in kaufmännischer
Verkleidung das Wagstück übernehmen. Sehr schön ist die
Stelle, wo der Dichter den wunderbaren Gesang schildert, den
Horrand in der stillen Nacht erhebt und dem selbst die Vögel

mitten in ihrem Abendliede lauſchen. Auf Hilde hatte das
Singen ſolche Wirkung gemacht, daß ſie Horrand zu ſich rufen
läßt, und dieſem Gelegenheit gibt, die Werbung ſeines Gebie=
ters anzubringen. Das Mädchen willigt in Entführung, be=
gibt ſich auf das Schiff der Abgeſandten und gelangt nach
Hegelingen. Hagen ſetzt ihnen nach, und ein Kampf entſteht,
der aber mit einer Verſöhnung und der Vermählung der
Gudrun mit Hetel endet. 3. Mit dem dritten Theil fängt
eigentlich das Gedicht erſt an, zu dem das Bisherige nur ein
Vorſpiel bildet. Hetel gewinnt zwei Kinder, den Ortwin und
die Gudrun, „der ſchönen Mutter ſchönere Tochter.“ Um
dieſe werben viele Freier, darunter Hartmut, der Kronprinz
von der Normandie, der aber abgewieſen wird, obgleich er der
Gudrun nicht mißfällt. Inzwiſchen tritt Herwig, der Fürſt
von Seeland, mit einem ſtarken Heere auf und dringt in die
Hauptſtadt von Hegelingen; Hetel ruft ſeine Krieger zu
Waffen, aber Gudrun ſcheidet den Streit und wird mit Her=
wig verlobt. Kurz nachher, als Vater und Bräutigam einen
Kriegszug in ein fernes Land machen, landet der verſtoßene
Hartmut, raubt Gudrun und Hildburg (ihre Magd) und
entführt ſie nach der Normandie. Hetel und Herwig eilen
den Flüchtigen nach und holen ſie auf dem Wulpenſande ein,
wo eine blutige, trefflich geſchilderte Schlacht erfolgt; die
Normannen ſiegen und entfliehen mit ihrer Beute; doch un=
ter allen Leiden der Gefangenſchaft bleibt Gudrun ihrem Ver=

lobten treu. Es hilft nichts, daß Hartmut's Mutter Gerlinde,
„die Teufelin" genannt, die edle und zarte Jungfrau quält
und zu den niedrigsten Diensten einer Küchenmagd und
Aschenputtel zwingt; Gudrun antwortet, sie gäbe lieber ihr
Leben hin als daß sie Hartmut minne und ihre Treue breche.
Endlich kommt die Zeit der Rettung und der Vergeltung.
In Hegelingen ist ein junges Geschlecht angewachsen, und eine
neue Heerfahrt wird ausgerüstet, um die Prinzessin zu be=
freien, die darauf mit Herwig vermählt wird. In diesem
letzten Theil öffnet sich die volle Blüthe des Gedichts; der
erste Theil dagegen ist ziemlich schwach.

Die Untersuchung über die Entstehung und Geschichte des=
selben ist dadurch sehr erschwert, daß es nur in einer einzigen
Handschrift (aus dem Schloß Ambras im Tyrol) aufgefunden
ist. Die beste Ausgabe ist von Ettmüller; sehr empfehlens=
werth ist auch Simrock's Uebersetzung; San Marte (Schulz)
hat die Dichtung frei bearbeitet; im Englischen ist eine lesbare
Prosaübersetzung (Edinburgh, 1863) erschienen.

Bei den übrigen Gedichten dieser Classe dürfen wir nicht
verweilen: Walther und Hildegunde, Tyrol und
Friedebrant sind nur in spärlichen Bruchstücken erhalten;
die an das Nibelungenlied sich anlehnende Klage ist im
Ganzen ein ziemlich langweiliges Werk. Die später in kurzen
Reimpaaren nach dem Muster der ritterlichen Poesie verfaßten
Dichtungen sind ohne Lebendigkeit und äußerst weitschweifig;

die nach dem Muster der Nibelungen in Strophen gedichteten Werke sind allerdings frischer und lebendiger, aber roh und derb. Beide Arten rühren wahrscheinlich von fahrenden Sängern des 13. und 14. Jahrhunderts her. Mehrere abweichende Bearbeitungen dieser Stoffe sind vorhanden, wie z. B. Ecken Ausfahrt, Sigenot (beide Riesensagen), Goldemar (Zwergsage), Dietrich und seine Gesellen (ziemlich weitschichtig angelegt, meistens sehr dürr und ohne allen poetischen Werth), König Laurin oder der kleine Rosengarten (mährchenhaft, mit schönen Zügen und Tönen, welche hin und wieder an die lebendige, unverwüstliche Kraft des alten Volksgesanges erinnern), König Ortnit, Hug- und Wolfdietrich und der große Rosengarten (die beiden letzteren zeigen uns die Volkspoesie in ihrer Verwilderung), Dietrichs Flucht zu Etzel, Rabenschlacht (Schlacht bei Ravenna im Jahre 493), Alphart's Tod (gehört zu den schönsten und ergreifendsten Gedichten dieser Periode); der Schmied Wieland ist nur aus der Edda bekannt; von seinem Bruder wird erzählt wie von Tell, daß er einen Apfel vom Kopfe seines Sohnes schoß. Im 15. Jahrhundert wurden einige von diesen Stücken (besonders solche, die dem Dietrichkreise angehören) in dem bekannten Heldenbuch zusammengedruckt. In allen diesen Gedichten und

Das Heldenbuch, eine Sammlung kleinerer epischer Gedichte im 15. Jahrhundert zusammengestellt.

4

einzelnen Rhapsodien erkennt man ganz deutlich die Auflösung
des deutschen Epos; das Heldenbuch kann als einer der
äußersten Punkte dieser Auflösung gelten. (Vergl. Gervinus
II., S. 73 und ff.)

Der Abschnitt der deutschen Literaturgeschichte zu welcher
wir jetzt übergehen, vom Anfange des 14. bis zum Anfange
des 16. Jahrhunderts (Ende der mittelhochdeutschen Periode)
zeigt uns ein allgemeines und tiefes Herabsinken der Dicht=
kunst von der Höhe, die sie im vorhergehenden
Jahrhundert erreicht hatte. Es ist eine Zeit des
Verfalls und der Ausartung in der Poesie, so wie
in der Politik. Der große gemeinsame Zug, der
das dichterische, wie das politische Reich des 13.
Jahrhunderts zusammenhielt, weicht einem verworrenen
Durcheinanderkämpfen, der Kaiser mit den Fürsten, der
Fürsten mit dem Adel, aller diesen waffentrotzigen Großen
mit den Städtern, und wieder der auf ihre Wohlhabenheit
und bürgerliche Freiheit stolzen Städter gegen den aufstre=
benden Bauernstand, für dessen Unterdrückung alle höhern
Stände, für dessen Hebung nur er selbst thätig war. (Vergl.
Goedeke's Grundriß, drittes Buch, und Gervinus II. 5.)
Das Streben aller Klassen, vom Reichsoberhaupte bis zum
Kleinbauer, ist auf rohe Genußsucht und den derbsten Ma=
terialismus gerichtet. Die nationalen Kräfte, welche die
hohenstaufischen Herrscher auf ein einziges Ziel zu lenken

*Zweiter Ab=
schnitt, das
14. und 15.
Jahrhundert
umfassend.*

versucht hatten, fallen jetzt auseinander und zersplittern sich
in die kleinsten Interessen; nirgends Gemeinsinn noch erhebende Zwecke, überall Eigenwillen und Faustrecht. Der
Thatendrang der herabgesunkenen Lehnsherrn artet in gesetz-
lose Selbsthülfe und wilde Raubbegierde aus. Rudolf von
Habsburg ist weit mehr auf das Wachsthum seines Hauses
und die Vergrößerung seines Privatbesitzes als auf die Ehre
der Nation, die Mehrung des Reiches und die Anerkennung
und Förderung der Dichtkunst bedacht. Auch in der Literatur
werden dieselben Merkmale der Auflösung, dieselbe Spaltung
des sonst Verbundenen, dieselbe Herabwürdigung der Dichter
und der Dichtung durch Zertheilung und Erschöpfung der
Kräfte, sichtbar. Gerade wie jedes Fürstlein sich zu helfen
sucht, unbesorgt um das Gesammtwohl, so dichtet auch
jeder Dichterling vor sich hin mit der größten Selbstver-
gnüglichkeit, ohne sich um die Beförderung deutscher Kunst
und die Gestaltung derselben nach höheren Principien, zu
kümmern. Die Geistlichkeit war auch verderbt und unwissend. Auf den Universitäten, welche sämmtlich einen
mehr oder weniger mönchisch-scholastischen Zuschnitt hatten,
wurden die gelehrten Studien ohne Geist und Geschmack
betrieben. Gerade zu dieser traurigen Zeit, aber, tritt
die Thätigkeit der Predigermönche, besonders der sogenannten
Mystiker, hervor, die dem leeren Ceremoniendienst der Kirche
und den Grübeleien der Scholastik entgegenwirkten, und in

ihren Predigten, Liedern (auf dem hohen Liede beruhend)
und Erbauungsschriften eine rednerische, wenn auch nicht sehr
gewandte Prosa und eine künstliche, andächtige und liebe=
tändelnde Poesie schufen.

Zu diesem moralischen Streben und Aufschwung der Seele
gesellte sich später im fünfzehnten Jahrhundert das zunächst
in Italien wiedererweckte Studium des classischen Alter=
thums. Die Erfindung der Buchdruckerkunst um 1450 und
die noch ältere, Papier aus Lumpen zu machen, erleichterten
die Verbreitung der neuen Bildung über die Niederlande und
Deutschland. Unterdessen wirkte die classische Gelehrsamkeit
gar nicht befördernd auf die volksthümliche Literatur. Der
Gegensatz zwischen den beiden war zu groß, als daß sie sich
hätten durchdringen und versöhnen können, wie es in den
romanischen Ländern geschah, wo die Sprachen der lateinischen
schon näher standen, und wo, wie namentlich Petrarch und
Boccaccio in Italien, die eifrigsten Gelehrten nicht nur
lateinisch schrieben, sondern auch als Musterschriftsteller in
der Muttersprache auftraten.

Zeit des Ver=
falls in der
Poesie, die
sich in die
Städte zu
Bürgern und
Handwerkern
flüchtet.

Mit dem Untergang des ritterlichen Lebens und
dem Aufblühen des Bürgerstandes ging die Poesie
in die Hände des letzteren über; kein adeliger Dich=
ter wanderte mehr von einem Hofe zum andern;
die Dichtkunst ward in den Städten ansäßig. Nur
hin und wieder klingt der alte Minneton durch,

wie z. B. in den Wächter= und Tageliedern Hugo's von
Montfort (von 1386 an), in den heitern Tanzweisen
und dunkeln Allegorien Oswald's von Wolkenstein
(1367–1445) und in den Gedichten Muscablüt's
(ohne Zweifel der angenommene Name eines in der ersten
Hälfte des 15. Jahrhunderts lebenden Dichters). Diese
Lyriker bilden den Uebergang vom Minne= zum Meister=
gesange. Ein sprechendes Beispiel dieser Richtung ist
Michael Beheim (geboren 1421), ein Weber der sein
Handwerk aufgab, und mit Weib und Kindern von einem
Fürstenhof an den andern bis nach Skandinavien zog, ohne
großen Anklang zu finden und ohne irgend einen
dauernden Lebensunterhalt zu erlangen.

Muscablüt
(1437),
Beheim und
Kaiser Maxi=
milian's
Theuer=
bant (1517).

In dieser phantasiearmen Zeit griff man mit
ganz besonderem Eifer nach der Allegorie. Einige
Erzählungen dieser Art liefern den Stoff zu den
lieblichsten Mährchengeschichten, welche moderne
Schriftsteller geschaffen haben (wie z. B. Peter von
Stauffenberg und die Meerfei zu Fouque's
Undine); unter den allegorischen Gedichten erwähnen wir nur
den berühmten Theuerbank, zu dem Kaiser Maximilian
den Plan entwarf und dessen Vollendung er seinem Kaplan
Melchior Pfinzing übertrug. In diesem ungemein matten und
trockenen Reimwerke wird die Brautwerbung des Theuer=
banks (Maximilian's selbst) um Ehrenreich (Maria von Bur=

gundien), König Romreich's (Karls des Kühnen) Tochter
geschildert. Die Grundlage des Stückes ist geschichtlich;
doch in der Ausführung hat der Kaplan das Didaktische sehr
hervortreten lassen. Es ist überhaupt in dieser Periode kein
Mangel an historischen Dichtungen und Reimchroniken. Der
Theuerdank wurde 1517 in nur vierzig Exemplaren auf Perga-
ment gedruckt. Diese Prachtausgabe bleibt ein kostbares Denkmal der damaligen mechanischen Fertigkeit; die typographische
Ausstattung gereicht dem Augsburger Buchdrucker Johann
Schönsperger mehr zur Ehre, als der poetische Inhalt dem
kaiserlichen Verfasser. Nur in Betreff des Aeußerlichen kann
es als ein Kunstwerk angesehen werden; doch wurde das
elende, mühsam zu Stande gebrachte Zeug lange gelesen und
bewundert. „Jetzt ruhet der Theuerdank im Staube der
Bibliotheken, wie der edle Maximilian in dem Moder seiner
Kaisergruft. Lassen wir sie ruhen, den großen Kaiser und
sein kleines Buch."

Neben diese allegorisch=geschichtlichen Reimereien stellen sich
schon im Beginn des 14. Jahrhunderts die Prosa=Romane
und Novellen, die von fürstlichen Personen und
Romane und Novellen. besonders von vornehmen Frauen (z. B. Elisabeth,
Gräfin zu Nassau Saarbrück, 1437) nach ita-
lienischen Mustern bearbeitet wurden und später in Volks=
bücher verkürzt, in welcher Gestalt sie noch heut zu Tage
viel gelesen werden. Zu den besseren gehören, Fortunatus,

das Buch von den sieben weisen Mei=
stern (beide in der bekannten Sammlung Gesta
Romanorum aufbewahrt), die Haimonskinder,
Kaiser Octavianus, Genofeva (in neuerer Zeit
von Tieck dramatisch behandelt), die heilige Griseldis
(auch für die moderne Bühne bearbeitet), die schöne
Magelone, Amadis u. a. Hieran reihen sich viele
Schwänke, Fabeln, Beispiele, Legenden, Chroniken,
Reisebeschreibungen, die sich an die Rittergeschich=
ten knüpfen, u. s. w. Sehr beliebt waren die
Bücher Marco Polos und des Engländers John
Mandeville, welche beide verdeutscht wurden; die
orientalischen Reisen des Münchners Johann Schilt=
berger, des Nürnbergers Hans Tucher und des
Mainzers Bernard von Breydenbach, u. m. a.

Die bedeutendsten Schwänke waren bei weitem
die des Till Eulenspiegel, welcher seit=
dem eine stehende Figur des Volkswitzes geworden
ist; das Buch wurde zuerst 1483 niederdeutsch aufgezeichnet;
Uebersetzungen in fast allen europäischen Sprachen sind schon
aus dem 16. und 17. Jahrhundert vorhanden; mehrere
Stücke dieser Gattung wurden auch bearbeitet von Hans
Rosenblüt, einem Wappenmaler aus Nürnberg, und Hans
Folz, einem aus Worms gebürtigen aber in Nürnberg ansäs=
sigen Barbier (Wundarzt), den Vorläufern des poetischen

Schusters Hans Sachs. Eigentliche Lehrgedichte sind aller=
dings recht zahlreich, aber nur wenige gedruckt oder bedeutend:
das Buch der sieben Grade zeigt eine mystische Rich=
tung und der Form nach erinnert vieles an Dante, an den
seraphischen Doctor Bonaventura und an den St. Bernhard
(vergl. Gervinus II. 123); der Spiegel mensch=
lichen Heils (1425) und das Buch von den Figu=
ren (1441) von Heinrich von Laufenberg verfaßt; das
Schachspiel, ein Sittengemälde von einem gewissen
Stephan gedichtet. (Goedeke's Grundriß, S. 1157.)

Der Name „Meistergesang" kommt schon im 13. Jahr=
hundert vor, und bedeutet bloß einen guten, meisterhaften
Gesang; später beschränkte man den Ausdruck auf einen nach
gewissen Gesetzen und Regeln gedichteten Gesang. Diese Re=

Der Meister=
gesang.

geln hießen Tabulaturen und wurden in Vereinen
und Zünften gelehrt und gelernt. Die verschiede=
nen Handwerker traten in solche Genossenschaften
zusammen und übten sich „mit schallen und mit singen," wie in
einem gleichzeitigen Gedicht gesagt wird. Preise, die gewöhn=
lich in künstlichen Blumenkränzen bestanden, wurden von den
zum Wettstreit Auffordernden ausgesetzt. Da es aber in den
Wettstreiten hauptsächlich auf das Formelle, Versart, Reim
und Melodie ankam, so artete diese Dichtkunst unvermeidlich
in schale Reimerei und schlechtes Versificiren aus. Der In=
halt dagegen bleibt immer sittlich, streng und religiös; ja

nach der Reformation, als die Bibel mehr unter dem Volk
verbreitet wurde, durften den Gesängen nur evangelische Leh=
ren und biblische Texte untergelegt werden; man reimte sogar
die dürrsten Genealogien. Strafen wurden auf „falsche Mei=
nungen" (anstößige, später auch unevangelische Gedanken),
„blinde Meinungen" (Undeutlichkeiten), „mangelhafte For=
men," u. s. w. gelegt. Mit wunderlichen und recht hand=
werksmäßigen Namen bezeichnete man auch die Strophen und
Töne; es gab z. B. nicht nur blaue und rothe Töne, sondern
auch Winterweisen, gelb=Veielein=Weisen, roth=Nußblüh=Wei=
sen, englisch=Zinn=Weisen, gelb=Löwenhaut=Weisen, fett=Dachs=
Weisen, fröhlich=Studenten=Weisen, u. m. a. Die Blüthe des
Meistergesanges fällt in das 16. und 17. Jahrhundert; die
letzte Singschule wurde zu Nürnberg um das Jahr 1770 ge=
halten. Im Jahre 1839 waren noch zu Ulm vier alte Sing=
meister übrig, die am 21. October den abgelebten Meisterge=
sang feierlich bestatteten.

Dem gewerbsmäßigen, religiösen Meistergesang gegenüber,
steht in diesem Zeitraume das freiere, weltliche Volkslied,
welches sich aus den in der Minnedichtung vorkommenden
Naturschilderungen entwickelte. „Man sang zuerst von der
lieben Sommerzeit, vom Mai, vom Vogel und Wald, von
Blumen und Anger; bald aber verließ man das Das Volks=
allgemeine Thema und griff kecker in das Leben lied am Ende
und die Wirklichkeit." Die Stoffe sind theils des 15. Jahr=
hunderts.

4*

historisch; doch werden nur wirklich erlebte Thaten und
Empfindungen gesungen; nicht große epische Begebenheiten,
die ein ganzes Volk betreffen, sondern was dem Einzelnen
widerfährt und die Gefühle, die in ihm dadurch hervorgerufen
werden.   Die Liebe aber bleibt der Hauptinhalt dieser Volkslieder: Abschied, Wiedersehen, Treue oder Untreue, Grüße
an die Geliebte, Trauerklagen, u. s. w. bilden die Gegenstände.
Andere noch sind Wein- und Gesellschaftslieder voll echter Lust
und Fröhlichkeit.

Daß solche Lieder bereits im 12. Jahrhundert existirt
haben müssen ist wahrscheinlich, aber nicht nachweisbar, da sie
in der älteren Zeit noch nicht handschriftlich aufgezeichnet, sondern nur mündlich mitgetheilt und überliefert wurden.   Ihre
Blüthe beginnt im 15. und erreicht den höchsten Gipfel im
16. Jahrhundert, der Zeit der reisenden Handwerker, fahrenden Schüler, ꝛc.   Durch den dreißigjährigen Krieg wurde die
Entwickelung des Volksliedes unterbrochen; auch wirkte die
Oper schädlich darauf.   So gerieth es in Vergessenheit und
Verachtung, bis Herder in seinem poesievollen Buch S t i m -
m e n d e r V ö l k e r wieder auf diese Perlen der Literatur

Das Ver-
dienst Her-
der's,
Goethens und
Anderer um
das Volks-
lied.

hinwies und Goethe sie seinen lyrischen Dich-
tungen zum Vorbild nahm.   Später schöpfte
Bürger aus denselben frischen Quellen; Clemens
Brentano mit Achim von Arnim gab des K n a b e n
W u n d e r h o r n heraus, welches gleichsam den

Duft dieſer Gedichte in ſich vereinigt; Ludwig Uhland
veranſtaltete eine mit ſeinem Sinne getroffene und mit
echten Texten ausgeſtattete Auswahl alter hoch= und nieder=
deutſcher Volkslieder; andere wurden von Wolf, Körner,
Mittler, Simrock u. a. geſammelt. Beſonders zu empfehlen
iſt die vortreffliche Sammlung hiſtoriſcher Volkslieder von
Soltau (Leipzig 1836). Unter den lebenden deutſchen
Dichtern hat nur Heinrich Hoffmann von Fallersleben es
verſtanden, die eigenthümliche Färbung des Volkslieds zu
reproduciren.

Das Volkslied iſt nicht das Werk einer künſtlichen Re=
flexion, ſondern das Product einer plötzlichen und urſprüng=
lichen Bewegung des Gemüthes; es ſchildert nicht, ſondern
concentrirt die ſchon vorhandenen Empfindungen; in der
Darſtellung iſt es ungleichartig, in der Form einfach, in der
Sprache ſchmucklos und wenig von der Proſa abweichend.
Die Melodie iſt eben ſo einfach und kunſtlos wie der Text,
aber anziehend und ergreifend. Was ihren Inhalt betrifft,
ſo ordnen ſich dieſe Volkslieder in mehrere Claſſen, von denen
die wichtigſten folgende ſind: 1. Erzählende oder epiſche
Volkslieder mit ſagenhaften und romantiſchen Stoffen (Bal=
laden). 2. Hiſtoriſche Volkslieder von Schlachten, Kämpfen,
2c. Am beſten ſind die Lieder der Schweizer (bei Sempach
z. B.) und die zwei Lieder über den Krieg der Dithmarſchen
gegen Dänemark. 3. Lyriſche Volkslieder, in Form den

Minnegesängen gegenüberstehend, nicht so weitschichtig in
Schilderungen, viel frischer und auch derber. 4. Trinklieder
von unvergleichbarer Frische, keck und übermüthig; Wander=
Jäger= und Soldatenlieder, u. m. a. 5. Gesprächslieder,
Dialoge, Streitlieder (z. B. Wechselreden zwischen Sommer
und Winter), die als Vorbereitungen zum Drama angesehen
werden können.

Das Drama pflegt nach der epischen und lyrischen
Poesie zu blühen; in ihm vereinigen sich Erzählung und
Empfindung, epische Rede und lyrischer Gesang, Vergangen=
heit und Gegenwart, um die höchste und vollkom=
mente aller Dichtungsarten herzustellen. Diese
Verschmelzung der Gegensätze ist aber wie überall,
so auch in Deutschland, dann erst eingetreten, als
die epische und die lyrische Kunstdichtung jede ihren
Entwickelungsgang vollendet, als die Epik in der
Darstellung des äußeren, die Lyrik in der des inneren Lebens
sich erschöpft hatte. (Wackernagel's Handbuch, S. 298.)
Deshalb entstanden die Anfänge des Dramas nur gegen den
Schluß der mittelhochdeutschen Zeit aus den oben erwähnten
Streitreden und besonders aus den lateinisch verfaßten kirch=
lichen und geistlichen Spielen, die in Deutschland ludi und in
Frankreich misteria genannt wurden; wie auch das grie=
chische Drama aus dem Dionysosdienste hervorging und das
indische Drama für ein Geschenk des Gottes Brahma gehalten

Anfang des Dramas gegen den Schluß der mittelhoch= deutschen Zeit.

wurde. (Vergl. Eduard Devrient's Geschichte der
deutschen Schauspielkunst, und Heinrich Alt's
Theater und Kirche.)

Die Bestimmung dieser Darstellungen, die vorzüglich
am Charfreitag und in der Osternacht von Geistlichen
in den Kirchen aufgeführt wurden, war, die hohen Feste
der Passion und Auferstehung des Herrn zu verherr=
lichen; die jüngeren unter den Geistlichen übernahmen
die Frauenrollen. Bald jedoch sah man ein, daß um die
eigentlichen Belehrungs= und Erbauungszwecke dieser Schau=
spiele vollständig zu erreichen, es nöthig sei, die Landessprache
zu gebrauchen oder wenigstens eine Erklärung des lateinischen
Textes einzuschieben; nach dem Jahre 1300 wurden sie ganz
deutsch und fanden auch an anderen Festen, Verkündigung,
Weihnacht, Marienklage und Mariä Himmelfahrt, Frohn=
leichnamsfest, ꝛc. statt. Allmählich wichen diese Stücke, die
ursprünglich streng biblisch und sehr tragisch waren, von der
heiligen Schrift ab und wurden reich mit komischen Elementen
versetzt. Zuerst wirkte diese Komik dahin, durch einen starken
Gegensatz (wie es auch in Shakespeare's Hamlet vorkommt)
das Heilige mehr zu erhöhen als herabzusetzen; endlich aber
trieb man die rohen und geschmacklosen Possen und Zoten
so weit, daß der Gebrauch der Kirchen und der Meßge=
wänder bei den Aufführungen streng untersagt wurde. In
diesen Intermezzos wurde das Burleske durch Judas

als Schacherjude, durch den gewinnsüchtigen Quacksalber,
welcher den drei nach dem Grabe Christi gehenden Marien
ihre Specereien verkauft, derbe Späße mit seinem ver-
schmitzten Knechte Rubin treibt, seine Frau prügelt, u.
s. w., und durch ähnliche volksthümliche Figuren vertreten.

Trotz der Verbote mehrerer Synoden und Bischöfe wurden
diese Schauspiele außerhalb der Kirche ins Freie verlegt,
und hierdurch noch plumper und possenhafter gestaltet.
In Frankreich erbaute man dreistöckige Bühnen, die Hölle,
die Erde und den Himmel darstellend; in Deutschland
befanden sich die Scenen gewöhnlich nebenein-
ander. Das Costüm der Charaktere (Christus,
Gott, Engel und Teufel ausgenommen) war nach
der herrschenden Tracht der Zeit. Von der gewal-
tigen Wirkung, die diese Spiele auf das Gemüth
des Zuschauers hervorbrachten, gibt der in einer alten Thü-
ringischen Chronik enthaltener Bericht über das im Jahre
1322 zu Eisenach aufgeführte Spiel von den zehn Jungfrauen
merkwürdiges Zeugniß: „Und da war der Landgraf Friedrich gegenwärtig und sah und hörte, daß die fünf thörichten
Jungfrauen aus dem ewigen Leben gestoßen wurden, und
daß Maria und alle Heiligen für sie baten, und daß es
nicht half: daß Gott sein Urtheil wandte. Da fiel er in
große Zweifel und ward mit großem Zorn bewegt und

Margin note: Oster- und Fastnachts-spiele des 15. Jahrhun-derts.

sprach: Was ist denn der Christen Glaube, will sich Gott
nicht erbarmen über uns, der Bitten Mariä und aller
Heiligen willen? Und ging zur Wartburg und war zornig
wohl fünf Tage, und die Gelehrten konnten ihn kaum be=
schwichtigen, daß er das Evangelium verstand, und danach
so schlug ihn der Schlag von dem langen Zorn, daß er drei
Jahre lang zu Bette lag. Da starb er, als er 55 Jahre
alt war."

Als eine ganz eigenthümliche Art von Mysterie erwähnen
wir das Spiel von Frau Jutten (1480), in welchem ein
Stadtpriester, Theodorich Schernberg, die Geschichtsfabel
von der Päbstin Johanna behandelt hat. Das Stück ist
übrigens sehr ernsthaft angelegt, doch mit possenhaften Auf=
tritten untermischt, und verfolgt den Lebenslauf der Frau
von dem Augenblick an, wo sie von einer Schaar seltsam
bezeichneter Teufel zu ihrer Unthat verführt wird, bis zu
ihrem Tode und Seelenleiden in der Hölle; und weiter bis'
dahin, wo sie endlich auf Fürbitte der Jungfrau begnadigt
und von dem Heilande in den Himmel aufgenommen wird.
Dieses Drama wurde während der Reformation wieder ans
Licht gezogen und von der protestantischen Partei als pole=
mische Waffe gegen die römisch=katholische Kirche gebraucht.
Die in den geistlichen Spielen vorhandenen weltlichen Stoffe
lösten sich allmählig ab und bildeten sich selbständig als Fast=
nachtspiele (von Faseln) aus, in welchen junge Leute, Hand=

werker und später auch) Studenten, durch die Stadt in leich=
ter Vermummung streiften und fremdartige Gestalten, wilde
Männer, tölpelhafte Bauern, vagabondirendes Bettelvolk, alle=
gorische Figuren, 2c. darstellten.   Der Hauptsitz derselben war
Nürnberg. (Siehe Fastnachtsspiele aus dem 15. Jahrhundert
gesammelt von A. Keller. 3 Bände. Stuttgart, 1853.
Dieses vortreffliche, mit großem Fleiße zusammengebrachte
Werk enthält 121 Spiele und dazu eine Menge von Schwän=
ken und Sprüchen.)

Die Proja des 14. und 15. Jahrhunderts hebt sich
bedeutend, und bildet die Grundlage des rein
geschichtlichen und beschreibenden Styls, der im
Lauf des 16. Jahrhunderts sich vervollkommnete.
Gleichzeitig machten die Mystiker (beginnend mit Meister
Eckhart) die ungebundene Rede zum Organ ihrer Speculation
und übten einen großen Einfluß auf die deutsche philosophi=
sche Sprache aus.   In der geistlichen Beredsamkeit dieses
Zeitraums zeichneten sich besonders Nicolaus von
Straßburg (Dominicaner und seit 1326
päpstlicher Nuncius) und Johann von Tau=
ler (die älteste Ausgabe seiner Predigten erschien Leipzig,
1498), den Luther sehr hoch schätzte, aus.   Nach ihnen ver=
dient hervorgehoben zu werden Johann Geiler von
Kaisersberg (1445–1510), ein gedankenreicher, sprachge=
waltiger Prediger, der eine große Rolle in der Vorgeschichte

Die Proja dieser Peri= ode.

Predigten.

der Reformation spielte. Mit diesen auf die Epik und Lyrik folgenden Keimen des Dramas und der Prosa schließt der mittelhochdeutsche Zeitraum.

Die neuhochdeutsche Literaturgeschichte zerlegt sich natürlich in zwei Abschnitte: 1. Vom Anfang des 16. Jahrhunderts bis in das 17. Jahrhundert hinein, bis Opitz; 2. Von Opitz bis zur Gegenwart. Die folgenschweren Ereignisse, die die mittelalterlichen Anschauungen untergraben und die moderne Welt schufen, waren: der Sturz des griechischen Kaiserreichs, welcher griechische Gelehrte und Bücher nach Italien führte; die Erfindung der Buchdruckerkunst, mit deren Hülfe die wiedererweckten classischen Studien gefördert und verbreitet wurden; der darauf folgende Bruch mit der Scholastik; die rasche Blüthe der humanistischen Bildung, und endlich jene große Läuterung der geistigen, sittlichen und kirchlichen Verhältnisse, die wir die Reformation nennen.

Anfang der neuhochdeutschen Literatur mit dem 16. Jahrhundert.

Die Hauptvertreter und die vorzüglichsten Beförderer der classischen Studien in Deutschland waren Rudolf Agricola (Huysmann) ein Friesländer (1443–1485), Rudolf Lange, der Stifter der Schule zu Münster, Conrad Celtes aus Wupfeld bei Schweinfurt (gestorben 1508), Johann Reuchlin aus Pforzheim (gest. 1522)

Wiederbelebung u. Wirkung der classischen Bildung. Rudolf Agricola († 1485). Johann Reuchlin († 1522).

Erasmus
(† 1536).
und vor allen Desiderius Erasmus von Rot=
terdam (gest. 1536). Celtes ward von Maximilian
an die damals tief gesunkene Wiener Universität berufen, die
er mit einer fünften Facultät für Poesie und Mathematik ver=
größerte. Im Jahre 1502 stiftete auch Kurfürst Friedrich
der Weise die Universität Wittenberg, wo Philipp
Melanchthon
(† 1560).
Melanchthon (1497–1560) thätig war und der
Geist einer neuhereinbrechenden Zeit sich regte.
Aber diese gelehrte Bildung und Wiederbelebung der classi=
schen Literatur wirkten (wie alle fremde Cultur) zuerst störend
und zersetzend auf die altnationale Dichtung. Die Beschäf=
tigung mit den Classikern lockte zur Nachahmung der antiken
Form und Sprache und kam nur diesen mehr oder weniger
selbstständigen Nachbildungen des Alterthums zu Gute,
der einheimischen Poesie aber zum Schaden. Das 16.
Jahrhundert war ein Entdeckungszeitalter nicht nur in der
physischen, sondern auch in der geistigen Welt. Die großen
Seefahrten des Columbus und seiner Nachfolger und der Hu=
manismus waren analogen Wesens. Beiden lag die Tendenz
der Ausdehnung und der Erforschung zum Grunde. Daß
diese Erweiterung im Gebiete des geistigen Lebens eine
Vernichtung der altnationalen Bildung zur Folge haben
mußte, versteht sich von selbst. Die Bewegungen dieser
Periode waren zu gewaltig, die Spannung der Gemüther zu
groß, und der Verstand ward dabei zu sehr in Anspruch genom=

men, um der schon in Verfall gerathenen Volksdichtung einen neuen und kräftigen Anstoß zu geben. Das Fremdländische erhielt ein ungehöriges Uebergewicht über das Einheimische, und erst im Laufe von fast drei Jahrhunderten, nach einem langen und mühevollen Proceß, wurden die beiden Elemente zu einem einzigen, organischen Ganzen verschmolzen.

Ein hervorstechendes Zeichen der Zeit offenbart sich auch in dem Emporblühen der dichterischen Polemik (Komik und Satire), die jedesmal bedeutend aufgetreten ist (wie Vilmar richtig bemerkt), wo zwei Welten, eine alte und eine neue, sich von einander zu scheiden strebten; mit Aristophanes schloß sich die Welt der hellenischen Thaten und begann die Welt der hellenischen Gedanken; Persius und Juvenal stehen als literarische Grenzpfähle zwischen der alten Weltherrschaft und dem neuen griechisch=römischen Leben der Kaiserzeit; ebenso sind Brandt, Hutten, Murner und Fischart Marksteine in der Literatur zwischen der alten und der neuen deutschen Welt.

Der Chorführer der Satirik dieses Zeitraums ist der Straßburger Rechtsgelehrte und Kanzler S e b a = ſtian B r a n d t (1458–1521), ein Freund der claſſiſchen Studien und durch juriſtiſche Kenntniſſe ausgezeichnet. Er ſchilderte die Thorheiten und Laſter der Welt in einem ſatiriſchen, im groben el= ſaßiſchen Dialekte geſchriebenen Lehrgedichte, „N a r r e n ſ ch i f f oder S ch i f f a u s N a r r a g o n i e n,“ genannt (eine muſter-

Sebaſtian Brandt († 1521) und das Narren= ſchiff.

hafte, von Zarncke mit Commentar versehene Ausgabe erschien
1854 in Leipzig). Als Kunstwerk ermangelt es der Einheit und
erhebt sich kaum über die übrigen Dichtungen seiner Zeit, aber
in dem strengen sittlichen Ernst und schneidenden Witz, womit
der Verfasser die Gebrechen aller Stände geißelt, war das Ge=
dicht epochemachend. Brandt verdammt mit Eifer, was
Erasmus im „Lobe der Narrheit“ ironisch pries. Da der
Narren so viele seien, daß Karren und Wagen sie nicht
zu führen vermöchten, so müsse ein Schiff ausgerüstet
werden, um sie unterzubringen: nun fange ein allgemeines
Laufen von allen Seiten an, es werde sogar durch das
Wasser nach dem Schiffe gewatet und geschwommen, um
nicht zu spät anzukommen. Wer sich für einen Narren
halte, werde nicht aufgenommen; nur wer sich als witzig
ansehe. Auf diese Weise werden bald hundert und dreizehn
Narrensorten zusammengebracht. Brandt selbst führt den
Reigen als Büchernarr oder Vertreter der pedantischen Ge=
lehrsamkeit und Vielwisserei; dann kommen Ehrennarren,
alte Narren, grobe Narren, Geiznarren, Putznarren u. s. w.
alle trefflich charakterisirt und mit Holzschnitten illustrirt.
Der Kern seiner moralischen Lehre ist die Selbsterkenntniß:

> „Es hat kein weiser nye begerdt,
> das er möcht rich syn hie uff Erdt,
> sunder, das er lert kennen sich.“
>
> (S. 94, Strobel's Ausgabe, 1839.)

Dieses Princip stellt er auf gegen alle Künste und Wissen=
schaften; er preist nur die Weisheit, die der Seele Ordnerin
ist, die die praktische Tugend einprägt, und den Menschen zum
Menschen macht. Der Erfolg des Narrenschiffes war un=
glaublich; es wurde ins Lateinische und in die meisten euro=
päischen Sprachen übersetzt, und ist mit dem Eulenspiegel
eines der ersten deutschen Bücher, welche im Auslande allge=
meine Anerkennung fanden.

Wie mächtig der Eindruck desselben auf die Zeitgenossen
war, geht schon daraus hervor, daß der berühmte Geiler von
Kaisersberg sich die einzelnen Kapitel des Narrenschiffes zu
Predigttexten wählte. Daß dieser ungeheuren Wirksamkeit
die poetisch mangelhafte Form des Buches nicht entgegen=
stand, beweist nur den Ungeschmack der Zeit. Ein Nachahmer
des Sebastian Brandt war sein Landsmann der Franciscaner=
mönch Thomas Murner (1476–1536), ein
gelehrter Theolog, aber ein Mann von niedrigem
Charakter. Unbeständig und leidenschaftlich, ge=

Thomas
Murner
(† 1536).

fiel er sich in den rohen, plebejischen Ausdrücken und groben
Schimpfwörtern, die Brandt zu hemmen suchte; doch in freier
Gestaltung der Stoffe und in leichtem Flusse der Rede über=
treffen seine dichterischen Leistungen die seines Vorgängers.
In der Narrenbeschwörung greift er aufs Derbste die
Gelehrten und die Geistlichen an; in der Schelmenzunft
züchtigt er die Entartung des geselligen Verkehrs, die Schel=

merei im Leben und die Kannegießerei in der Politik. Anfangs
war er ein Anhänger der Reformation, und in diesem Geiste
schrieb er die zwei eben erwähnten Werke. Später ist er,
wahrscheinlich aus Neid und Scheelsucht, gegen dieselbe heftig
aufgetreten in einem Gedichte von dem großen Lutherischen Narren (1522), das viel dramatische Lebendigkeit
mit satirischer Keckheit verbindet. Seine geistliche Badefahrt (1514) ist ein sehr schwaches und schlechtes Produkt.
In der in Prosa mit eingemischten Versen abgefaßten Gäuchmatte versammelt er viele schon mehrmals durchgehechelte
Fantasten, Spiegelgucker, und ähnliche allegorische Figuren.

Von folgenreicher Wirkung auf das Zeitalter waren auch
Ulrich
von Hutten
(† 1523). die großentheils lateinischen Schriften des Ulrich
von Hutten (1488–1523), eines der rüstigsten
Kämpfer für Recht und Wahrheit gegen das Papstthum und den Obscurantismus. In der letzten Zeit seines
Lebens, als er an Luthers Kampfe Theil nahm, fing er an in
der ihm minder geläufigen Muttersprache zu schreiben. Seine
im Jahre 1520 deutsch gedichtete Klage und Vermahnung gegen die päpstliche und geistliche Macht in
Deutschland gehört zum Heftigsten, was zu Anfange der
Reformationsperiode erschien: es ist in deutschen Reimen
abgefaßt, aber poetisch nur von geringem Werth. Er nahm
auch Theil an den *Epistolæ Obscurorum Virorum.*

Aber das größte komische und satyrische Talent zeigte

Johann Fischart, der Aristophanes des 16. Jahrhunderts, ja der fruchtbarste und witzigste Satiriker der deutschen Nation überhaupt.

Fischart wurde zu Mainz, zwischen 1545 und 1550, geboren, lebte aber, wie seine Vorgänger Brandt und Murner, in Straßburg und starb 1589 in Forbach. Die Vielseitigkeit Fischarts und die volksmäßige Schöpfungskraft, die in ihm lag, treten vorzugsweise in seinen prosaischen Schriften hervor; doch sind auch seine lyrischen und epischen Dichtungen höchst bedeutend. Die Gesammtzahl seiner Werke beläuft sich auf beinahe achtzig, deren einige unvollendet geblieben oder verloren gegangen sind. (Siehe Ersch und Gruber's Encyclopaedie. Art. von Vilmar über Fischart, Sect. I. Band 51. Seite 109.) Er war bewandert in der alten und neuen Literatur aller civilisirten Völker und besaß eine merkwürdige Sprachphantasie und Sprachgewalt, durch die er sich zu den verwegendsten Wort= Satz= und Tonbildungen, zu den seltsamsten Begriffen, zu den ausschweifendsten Gedankenverbindungen, zu den abenteuerlichsten Einfällen, zu den komischsten Verdeutschungen fremder Wörter, zu einem wahren Sprachgewirre halsbrechender Perioden verleiten ließ. Selbst seine Büchertitel sind Curiositäten und wurden als solche von Schottel, dem bedeutendsten deutschen Grammatiker des 17. Jahrhunderts, angeführt. Uebrigens war er ein Mann von edler Gesinnung, ein guter Kenner der Volkssitten und eifri=

ger Anhänger der alten deutschen Zeiten im besten Sinne; in seinen Satiren spiegelt sich das ganze Volksleben des 16. Jahrhunderts ab. Seine Hauptwerke sind folgende: Das glückhafte Schiff von Zürich (1576), ein erzählendes Gedicht, das einem in Straßburg angestellten Schützenfeste zu Ehren geschrieben ward. Er schildert die viertägige Wasserfahrt von Zürich nach Straßburg, welche die Züricher sich vermaßen, in einem Tage zu machen, zugleich sich anheischig machend, einen in Zürich gekochten Hirsenbrei noch warm zu überbringen, zum Beweis, daß sie ihren Freunden in der Noth beistehen könnten. Dieses Stück hält eine gewiße Mitte zwischen dem Volkslied und der Heldendichtung und hat bei aller seiner didactischen Tendenz hie und da einen echt poetischen Schwung; es ragt unter den übrigen gleichzeitigen Ehrengedichten dieser Art sehr vortheilhaft hervor.

Sein bedeutendstes Prosawerk ist der satirische Heldenroman Gargantua (1575 herausgegeben), dessen Titel (Affenthenerliche Naupengeheuerliche Geschichtklitterung, u. s. w.) schon von des Verfassers übertriebenen Wortwitzen und eigenthümlicher Sprachverschwendung ein gutes Beispiel liefert. In dieser ganz freien Umarbeitung des ersten Theiles des Gargantua und Pantagruel von Rabelais stellt Fischart, der sich, seinen Namen gräcisirend, Ellopoßcleros (ἔλλοψ und σκληρός) nennt, den derben gesunden

Sein satirischer Heldenroman Gargantua 1575.

Mutterwitz der Unnatur der Ritterromane entgegen; er „übergießt darin nach einander mit beizender Lauge die Thorheiten der Genealogien und Stammbäume, die Schwelgerei und die Trunksucht, die Kleiderpracht und unvernünftige Kindererziehung, die superkluge Gelehrsamkeit, die Händel= und Prozeßsucht und so weiter; alles in den lebendigsten, wahrsten, wärmsten Gestalten, voll des frischesten, unmittelbarsten Lebens." Das französische Original ist wirklich, wie es in Fischart's Titel lautet, „überschrecklich lustig in einen deutschen Model vergossen" worden. Schon vor dem Jahre 1573 verfaßte er eine ungemein witzige, auch dem Rabelais nachgebildete Satire auf die damalige Mode der Astrologie, des Nativitätstellens, des Prognosticirens und Kalendermachens, die unter dem Titel, Aller Praktik Großmutter, u. s. w. herauskam. Im Jahre 1577 schrieb er sein komisches, ironisches und von allen Unzartheiten völlig freies Podagrammisches Trostbüchlein; sein Schriftchen, Flöhhatz, Weibertratz, dagegen strotzt von allerlei Derbheiten und Natürlichkeiten und wurde deshalb von den lachlustigen Zeitgenossen mit der größten Begierde gelesen. Es zeichnet sich durch mehrere neu geschaffene Sprichwörter und treffende Wortbildung aus; unter den vielen humoristischen Zügen verbirgt sich die auch im Mährchen von dem Schweinigel und seiner Frau enthaltene Lehre, daß Niemand einen Niedrigen verachten oder sich über seinen Stand erheben solle. In dem

Ehezuchtbüchlein (1578) sucht er das Verhältniß der
Ehegatten zu bessern, indem er das Glück und den Frie=
den des Haus= und Familienlebens feiert. Endlich erließ er
eine Reihe von burlesk=satirischen Schriften gegen die Mönchs=
orden und Jesuiten ; die bekanntesten sind der Barfüßer
Sekten= und Kuttenstreit (1577), worin die
Franziskaner und Dominikaner verspottet werden mit der ge=
reimten Erklärung eines Holzschnittes, wie der heilige Fran=
ziskus „von seinen eignen Rottgesellen" gemartert und zer=
rissen wird; auch das vierhörnige Jesuiter=
hütlein (1580), „die beißendste, witzigste und treffendste
Satire, die jemals gegen die Jesuiten geschrieben worden ist;"
ferner der Bienenkorb (1579), eine polemische, auch
gegen die Jesuiten gerichtete Flugschrift, die nach einem hol=
ländischen Muster frei und mit Erweiterungen bearbeitet ist;
unter allen Werken Fischarts erlebte dieses die meisten Auf=
lagen und gehörte zu den geistreichsten und gelesensten jener
Zeit. Es ist die einzige seiner Schriften, die im nächsten
Jahrhundert übermüthiger Schulgelehrsamkeit nicht vergessen
wurde.

Noch bleibt uns übrig, ehe wir etwas weitläufiger von
dem Drama des 16. Jahrhunderts reden, der
Schwänke, Fabeln, der Thiersage und der Lyrik
mit einigen Worten zu gedenken. An den ersteren
ist dieser Zeitraum sehr reich : besonders beliebt bis tief ins

Schwänke,
Fabeln,
u. s. w.

17. Jahrhundert waren die Schwänke des Hein= Bebel
(† 1514.)
rich Bebel, der als Lehrer Melanchthons und
einer der wirksamsten Humanisten seiner Zeit bekannt war.
Vortrefflich sind die Fabeln dieser Periode, zu deren Bear=
beitung Luther aufforderte und die, gleich dem Reinecke Fuchs
(der am Ende des 15. Jahrhunderts seine jetzige Gestalt er=
hielt), auf die Zustände der Kirche und des Staates ange=
wendet wurden.

Die zwei Hauptvertreter dieser Richtung waren Burkard
Waldis (1490 zu Allendorf geboren), ein Burkard
Waldis c.
1530 thätig.
gelehrter, in der Literatur belesener und durch ein
sehr bewegtes Leben praktisch gebildeter Mann;
und Erasmus Alberus (1500 in der Wetterau geboren),
gleichfalls ein gelehrter Theolog und ein äußerst
heftiger Verfechter des Protestantismus gegen Erasmus Al=
berus † 1533.
Ablaßhandel, Klerus und Papstthum, so wie ge=
gen Wiedertäufer und ähnliche Schwärmer und Sectirer.
Die Fabeln des Waldis sind schmucklos, einfach und leben=
dig, mit satirischer Moral gegen die Selbstsucht, die ihm die
Quelle alles Uebels ist; die des Alberus sind nicht so volks=
mäßig, etwas weitläufig angelegt und weniger vollendet in
Form und Darstellung, mit pikanter polemischer Beimischung
und oft burlesken Zügen.

Allegorische Thiergedichte bilden eine Mittelgattung zwischen
dem Thierepos und den Thierfabeln; der Hauptzweck ist di=

daktisch und satirisch, und erscheint mehr auf das Weltliche
gerichtet. Ein Beispiel ist der aus einer Nachahmung der
homerischen Batrachomyomachie hervorgegangene F r o s c h =

m ä u s l e r des G e o r g R o l l e n h a g e n (1542–

Rollenhagen
† 1609.

1609). Das erste Buch ist vorwiegend epischen
Inhalts; das zweite, der Stimmung der Zeit
folgend, geht in eine kirchlich=politische Satire gegen den Katho=
licismus über; das dritte und letzte enthält den Kampf zwischen
Fröschen und Mäusen und lehrt vom Kriegswesen, was dabei
zu berathschlagen und vorzunehmen sei. Die Verflechtung
der Fabel ist zum Theil sehr verwickelt; die einzelnen Thiere
sprechen eben so, wie der Dichter selbst, und im ersten Buch
erzählt Frosch Bausback von dem Ulysses und der Circe, deren
Geschichte er „auch in den Büchern las," als er noch ganz jung
war. Hier findet sich Hobbes' Lehre, daß alle Mitglieder
der Gesellschaft natürliche Feinde sind. Es ist das bedeutendste
allegorische Gedicht des 16. Jahrhunderts.

Die Lyrik des
16. Jahrhun=
derts. Kir=
chenlieder.

Die gleichzeitige Lyrik ist durch den Meisterge=
sang und die religiöse Volkspoesie vertreten. Diese
geistlichen Lieder werden jetzt in der Poesie vor=
herrschend wegen der Einführung und Verbreitung
der Reformation, welche überall die Theilnahme der Ge=
meinde an dem Gottesdienste und die Ausbildung des Kir=
chengesangs in der Muttersprache zur nothwendigen und
naturgemäßen Folge hatte; die Verfasser waren Bürger,

auch ſogar Fürſten (Friedrich von Sachſen u. a.), aber haupt=
ſächlich Pfarrer; die beſten Lieder beſitzen wir von Luther;
an ihn reihen ſich Paul Speratus, Nicolaus
Decius (der das köſtliche Gloria in excelſis dichtete),
Lazarus Spengler, Juſtus Jonas und andere;
keine folgende Zeit hat ſo wahrhaft ergreifende und erhebende
Kirchenlieder erzeugt, wie das 16. Jahrhundert. Bibliſche
Bücher (Pſalmen) wurden auch poetiſch paraphraſirt (Bur=
kard Waldis).

Das Drama des 16. Jahrhunderts iſt über
die Paſſions= und Faſtnachtsſpiele noch nicht weit
hinaus. Mit der Reformation iſt die erſtere von
dieſen zwei Formen aus der Literatur dahin ge=
ſunken, um in den unteren Schichten des katho=

Das Drama
während
dieſes Zeit=
raums.

liſchen Volkes ein dunkles Leben zu friſten; doch hat ſich unter
den Bauern namentlich in Thyrol und Oberbayern (in Ober=
ammergau z. B.) die Aufführung von geiſtlichen Spielen ſelbſt
bis heute erhalten. (Das ergiebigſte Hilfsmittel für dieſen
Theil der Literaturgeſchichte iſt immer noch Gottſcheds
Nöthiger Vorrath zur Geſchichte der deut=
ſchen dramatiſchen Dichtkunſt, mit einer kleinen
Nachleſe von Freiesleben. Leipzig 1757–65.) Nur ſelten
haben die Proteſtanten dergleichen Sachen gedichtet. Dieſe
dramatiſchen Verſuche ſind in der Hauptſache mißlungen, trotz
des Einfluſſes, den die claſſiſche Gelehrſamkeit auf die Form=

gebung des Ganzen und bis in die Einzelheiten äußerte.
Man hatte keinen hinlänglichen Begriff von dem Unterschied
zwischen der Tragödie und der Komödie und fand in dem
Mischwort T r a g i c o m ö d i a einen willkommenen Ausweg.
Die Stoffe waren Legenden, nationale und antike Sagen, na=
mentlich aber biblische Erzählungen; die Behandlung zeigt sehr
wenig dramatische Kunst oder freie Charakterzeichnung.   Die
Stücke wurden gewöhnlich in Privat= und Wirthshäusern von
einer großen Anzahl Schauspieler aufgeführt ; in A d a m u n d
E v a z. B. kommen 106 Personen vor; ausnahmsweise spiel=
ten die Frauen mit.   Luther hielt die Schauspiele für ganz er=
laubte und Gott wohlgefällige Dinge und schlug die Bedenklich=
keiten einiger strengen Theologen mit diesen Worten nieder :
„Und Christen sollen Comödien nicht ganz und gar fliehen,
darum, daß bisweilen grobe Zoten und Buhlereien darin sein,
da man doch um derselben willen auch die Bibel nicht dürfte
lesen." (T i s c h r e d e n, IV. 592. Förstmann und Blindseil's
Ausgabe.)

Das deutsche Drama wurde zwischen 1580 und 1600 sehr
befördert von englischen Schauspieltruppen, welche größere
Sorgfalt in der Decoration und eine mehr künstliche Behand=
lung einführten ; sie spielten Stücke aus Shakespeare und
dessen Zeitgenossen.   In den volksthümlichen Spielen rückte
man mit größter Unbefangenheit die entlegensten Stoffe in
die unmittelbarste Nähe und ließ die Personen des fernsten

Alterthums denken und reden wie Theilnehmer an der Re=
formation. Ortsveränderungen deutete man dadurch an, daß
der Schauspieler an der einen Seite hinausging und von der
andern hereinkam und sagte: „nun bin ich im Wald" oder
„hier bin ich in der Stadt," u. s. w.

Die beiden Dramatiker dieser Periode, die der Volkskomödie
einen großen Aufschwung gaben, und deren Producte bei aller
Kunstlosigkeit der Gestaltung einen lebhaften Dialog und rasche
Handlung haben, waren Hans Sachs (1494–
1576) und Jacob Ayrer, der als kaiserlicher
Notar 1605 zu Nürnberg gestorben ist. Vor
allem gilt dies von Hans Sachs und am meisten

Hans Sachs
1494–1576
und Jacob
Ayrer † 1605.

von seinen Fastnachtspielen. Er war Sohn eines Nürn=
berger Schneiders und trat im 15. Jahre bei einem Schuh=
macher in die Lehre. Nach Vollendung der zwei vorge=
schriebenen Lehrjahre begab er sich auf die Wanderschaft und
arbeitete in vielen Städten Süddeutschlands, wo er sich auch
im Meistergesang unterweisen ließ; 1515 kehrte er nach
Nürnberg heim, und am 1. September 1519 verheirathete
er sich mit der siebenzehnjährigen Kunigund Crenzer, mit der
er zwei Söhne und fünf Töchter hatte, und über vierzig
Jahre in glücklicher Ehe lebte. „Hans Sachs steht," sagt
Gervinus, „wie der Mittelpunkt zwischen alter und neuer
Kunst, er zieht die ganze Geschichte und den Kreis alles Wissens
und Handelns in die Poesie, bricht die Grenzen der Nationali=

tät und deutet so an, was hinfort für die deutsche Dichtung
das Charakteristischste werden sollte. Er ist ein Reformator
in der Poesie so gut, wie Luther in der Religion, wie
Hutten in der Politik." Seine dichterische Thätigkeit war
beispiellos fruchtbar; er selbst gibt die Summe aller seiner
Gedichte auf etwas über sechstausend an, worunter hundert
sechs und neunzig Dramen sind. Diese Stücke sind alle sehr
kurz, außerordentlich naiv und gemüthlich. Das Aeußerste
von Naivität zeigt sich in der Comödie von den ungleichen
Kindern Evas bei dem Besuch des Herrgottes, der in Begleitung von zwei Engeln auf der Erde umherspazirt und, wie
ein strenger Schulmeister, die Kinder Adams im lutherischen
Catechismus examinirt. A h r e r begann seine literarische
Laufbahn mit geistlichen Gedichten, Reimchroniken, u. s. w.
Die englischen Komödianten scheinen ihn veranlaßt zu haben,
allerlei ernste, sowie scherzhafte Schauspiele zu dichten; seine
Stücke sind meistens derber und roher, als die des Hans
Sachs, aber mit mehr dramatischer Entwickelung und Charak-
terzeichnung; enthalten auch sehr komisch rührende Scenen.

In diesem Zeitraum finden sich alle drei Gattungen der
Prosa (die erzählende, die beschreibende und die belehrende)
vertreten: das Volksbuch von dem Schwarzkünstler
F a u s t, erst 1587 abgefaßt, 1588 poetisch bearbeitet; (Faust war ein Schwabe und Zeitgenosse
des Paracelsus; später ward er mit dem Erfin-

Volksbücher:
Faust,
Ahasverus,
Finkenritter,
u. s. w.

der der Buchdruckerkunst verschmolzen); das Volksbuch vom
ewigen Juden Ahasverus (1602 gedruckt); Eulen=
spiegel (1519) die Abenteuer eines Landstreichers, wichtig
als historische Quelle für die socialen Zustände des Volks, den
Preis der Lebensmittel, c.; Finkenritter (1560),
eine maßlose Verhöhnung der Lügenerzählungen der Vielge=
reisten, eine Art von mittelalterlichem Münchhausen; die
Schildbürger oder das Lalenbuch (1553) gegen
überkluge Leute gerichtet; Schimpf und Ernst von
dem Barfüßer Johann Pauli (1522), ein Novellenbuch.
Eigentliche Geschichtsschreibung fing schon in diesem Jahr=
hundert an in der Form von Chroniken (baierischen, pomme=
rischen, u. s. w.), von Selbstbiographien (Götz   Geschichte,
von Berlichingen, der als alter Mann 1562 ge=   Biographie,
                                                   u. s. w.
storben ist, Hans von Schweinichen 1616 gestorben
u. s. w.), Reisebeschreibungen, c. Dazu kommen Erzeugniße
der Beredsamkeit, Predigten, Erbauungsschriften (Arndt's
wahres Christenthum), und Ueberdsetzungen von italie=
nischen Humanisten (besonders über die Rechte). Die eigent=
lichen Wissenschaften wurden mehr im Lateinischen
behandelt. Paracelsus (1493–1541) aber   Paracelsus
                                            1493–1541.
schrieb deutsch und hielt deutsche Vorträge zu Basel.   Jacob Böhme
                                                          1575–1624.
Weit über ihm steht Jacob Böhme, Schuh=
macher zu Görlitz (1575–1624), dessen tiefsinniger Geist
mit den höchsten Aufgaben der Speculation rang; da er
5*

deutsch schrieb, hieß er **Philosophus Teutonicus**.

Der große Maler **Albrecht Dürer** (1471–
1528), verfaßte „Vier Bücher von menschlicher
Proportion," in welchen er seine geistreichen Ansichten über die Kunst und deren Behandlung in der für dergleichen Gegenstände noch ganz unausgebildeten Muttersprache
entwickelte. In diese Zeit fällt auch der erste Anfang des
grammatischen Studiums der deutschen Sprache (Konrad
Geßner 1516–1565 zu Zürich).

Albrecht Dü-
rer 1471-1528,
u. a.

Hiermit wäre die Darstellung der Literatur des 16. Jahrhunderts beendigt, hätten wir nicht einige Bemerkungen hinzu-
zufügen über den Einfluß, den Luther ausübte, nicht als der
Gründer einer neuen Kirche, sondern als der Schöpfer der
neu-hochdeutschen Prosasprache. Seine Verdeutschung der
Bibel (1522–1534 gedruckt), die erste, die nicht mehr auf der
von der alten Kirche anerkannten lateinischen Uebersetzung beruhte, sondern auf die beiden Ursprachen
zurückging, erlangte eine beispiellose Verbreitung,
und wurde eben so die Grundlage der Sprache,
wie der evangelischen Gesinnung, indem sie eine Norm
für die Ausbildung des Neuhochdeutschen wurde, welches zwischen den ober- und niederdeutschen Mundarten
die Mitte hält. Nächst der Bibel waren Luther's didaktische Werke, Predigten, Katechismen, Tischreden, Streit- Flug-
und Trostschriften in dieser Hinsicht von höchster Bedeutung.

Luther's Bi-
belüberset-
ung, Tischre-
den, u. s. w.

Zwingli (1484–1531) und die andern Re=
formatoren der Schweiz bedienten sich eines land=
schaftlich beschränkten Dialektes, und deshalb blie=
ben ihre Schriften ohne epochemachende Wirkung auf die
nationale Bildung.

Die neuere Literatur vom Anfang
des 17. Jahrhunderts zerfällt in drei Abschnitte:
der erste bis auf Gottsched reichend (1700–1766); der zweite
bis zur romantischen Schule (gegen das Ende des 18. Jahr=
hunderts); der dritte bis zur Gegenwart. Das
Uebergewicht des classischen Alterthums und das
unermeßliche Elend des dreißigjährigen Krieges, der
den physischen Wohlstand, sowie die sittliche Kraft
der Nation vernichtete, das deutsche Staatswesen fremden Ein=
wirkungen preisgab und auch in der Literatur die Herrschaft
des Auslandes begründete, übten einen äußerst nachtheiligen
Einfluß auf die Volksdichtung aus. Man strebte nun viel
nach Sprachreinheit und stiftete gelehrte, den italienischen und
französischen Academien nachgebildete Gesellschaften, um die
Ausländerei auszurotten und die Dichtkunst zu heben: die
niederdeutschen Mundarten treten aus dem Kreise der
Bildung zurück. Der Eifer dieser Genossenschaften für
Purismus verleitete sie sehr häufig zu höchst unsinni=
gen Verdeutschungen von Fremdwörtern: die Mitglieder
trugen auch lächerliche Beinamen aus dem Pflanzen=

Die neuere
Literatur.

Gelehrte Ge=
sellschaften zur
Reinhaltung
der Sprache.

reich und gebrauchten sehr sondersame Wahlsprüche und Divisen.

Innerhalb dieses Zeitraums, wie schon in der Einleitung bemerkt, verschwindet die Theilnahme des Volkes an seiner Literatur fast gänzlich. Der Hauptsitz der Poesie war auf den Universitäten und Gymnasien, wo eine Dichtung, deren Verständniß gelehrte Bildung voraussetzte, zu wuchern anfing. Man nahm sehr selten die Dichter des classischen Alterthums zu Vorbildern; fast ausschließlich die schwülstigsten und bilderreichsten Italiener, Spanier und Franzosen. Die Haupterzeugniße dieser pedantischen Beschäftigung waren hohle, lügnerische Gelegenheitsdichtungen, endlose Lobpreisungen und Schmeicheleien, die darauf ausgingen, den Verfassern die Gunst der Mächtigen, Ehre, Ansehen und Wohlstand an den Höfen zu verschaffen, u. s. w.; es kam dabei mehr auf die formale Behandlung der Sprache und des Verses an, als auf die Wahrheit der Stimmung. Manche schöne dichterische Freiheit ist wegen dieses Bestrebens nach Regelmäßigkeit der Satzbildung verloren gegangen. Man dichtet nach Vorschriften, als ob die Dichtung ein Werk des Verstandes und der Technik sei. Man rühmte sich, die poetische Begeisterung in sechs Stunden in jeden Kopf eingießen zu können, wie durch einen Nürnberger Trichter. Ein Hauptgewicht ward auf die Reinheit der Reime gelegt, auch auf einen gehörigen Schmuck durch

Nachahmung der Italiener und Franzosen.

Bilder und Vergleichungen und häufige Beziehungen auf die
römischen und griechischen Schriftsteller: was freilich sehr
viel zur Veredelung der dichterischen Form beitrug.

Die Vorgänger der ersten schlesischen Schule
können mit bloßer Erwähnung nach Verdienst
gewürdigt werden: T h e o b a l d H ö ck (1573–
1618), der schwerfällige unbeholfene Lieder dichtete; W e ck=
h e r l i n (1584–1651), erster Hofdichter zu Würtem=
berg, Nachahmer der französischen und englischen Dichtung,
häufig, besonders in neueren Zeiten, von Literarhistorikern
überschätzt; Z i n k g r e f (1591–1635) der eine Samm=
lung von Gedichten herausgab und dazu vorzugsweise die
Gedichte von dem mit ihm eng befreundeten Opitz benützte.

Die erste
schlesische
Schule.

Der Gründer der schlesischen Schule war M a r=
tin Opitz (1597–1639), „Vater und Wieder=
hersteller der Dichtkunst" genannt: erstens, weil
er die herabgekommene Poesie wieder zu Ehren brachte;
zweitens, weil er eine Revolution im Versbau bewirkte,
indem er den Tabulaturen der Meistersänger eine neue,
auf antike Muster gegründete Poetik entgegensetzte, und
drittens, weil er zu diesem Zweck mehrere griechische und
lateinische Werke übersetzte und nachbildete. Von seinen
Zeitgenossen wurde die deutsche Muse die Frau Opitz ge=
nannt; doch sind seine poetischen Erzeugniße von geringem
Werth. Er war ein mittelmäßiges, formales Talent, aber

Martin Opitz
1591–1639.

kein tiefer, dichterischer Geist. Das bedeutendste Verdienst, welches Opitz sich erwarb, war die neue Metrik, die er in seinem Buch von der deutschen Poeterei (1624) entwickelte, und die allgemein angenommen wurde und bis auf den heutigen Tag herrschend geblieben ist. Es ist das Gesetz, aus dem Accent und dem Tone das Maß der Silben zu erkennen, und im deutschen Verse mit Hebung und Senkung eben so regelmäßig abzuwechseln, wie im antiken mit Länge und Kürze. Diese bahnbrechende Regel wurde nicht erst von Opitz erfunden; Trissino wollte sie für das Italienische und Abraham von der Myle für das Niederländische aufstellen; aber der Deutsche kam ihnen in der Einführung der Beobachtung derselben zuvor. Während Opitz durch Schmeicheln und Kriechen vor allem Vornehmen, und durch Klugheit und Weltkunst einen Ruhm erlangte, der weit über seine Verdienste ging, und während er selbst sogar von Ferdinand II. in den Adelstand erhoben und überall mit überschwänglichem Lob gepriesen wurde, hat sich sein Zeitgenosse

Paul Fleming (1609–1640), der an dichterischem Genie ihn weit überragte, keiner solchen
Auszeichnung erfreut. Vom Kriege verscheucht,
schloß er sich der Gesandtschaft an, welche Herzog Friedrich von Holstein im Jahre 1633 an den russischen Czaren und später (1636) nach Persien sandte. Durch diese großen Reisen, die in seine besten Entwickelungsjahre fielen, wurde

Paul Flem
ing 1609–
1640.

er vor der Steifheit der gelehrten Pedanterie bewahrt. Er besaß eine lebhafte Phantasie mit einem empfänglichen, von dichterischen Empfindungen erfüllten Herzen vereinigt; an heitrer Naturwahrheit steht er allen Dichtern des Jahrhunderts voran. Er erinnert oft an Walther von der Vogelweide. Seine besten Gedichte sind in den fünf Büchern Oden und den drei Büchern Sonette enthalten. Sein Freund und Reisegenosse, Adam Olearius (1600—1671), unsterblich durch seine Reisebeschreibung, richtete die Aufmerksamkeit zuerst auf die Dichtungen des Morgenlandes und machte sich durch eine Bearbeitung von Saadis (eines berühmten persischen Dichters, 1195—1296) „Gulistan" oder Rosengarten verdient.

Adam Olearius (1600—1671).

Ein etwas jüngeres Haupt der ersten schlesischen Schule, der zugleich den Uebergang zur zweiten schlesischen Schule bildet, war Andreas Gryphius (1616—1664), Professor zu Leyden, sehr gelehrt in Sprachen, als Lyriker nicht so heiter, wie Opitz und Fleming. Er vertritt die ernste Seite des Lebens, plagt sich mit selbstquälerischen Gedanken und bricht in seinen Sonetten oft in finstere Klagen aus. Diese schwermüthige Seelenstimmung rührte hauptsächlich von Krankheiten und den herben Schicksalsschlägen her, die ihn nach einander trafen. Er war nicht nur Lyriker, sondern auch Dramatiker und schien von der Natur mit allen Gaben ausgerüstet gewesen zu sein, um das

Andreas Gryphius 1616—1664.

deutsche Schauspiel umzubilden, aber die Zustände der Nation und der Bühne standen ihm im Wege. Shakespeare kannte er; sein Peter Squenz ist eine gelungene, nach dem Sommernachtstraum gedichtete Persiflage; im Horribiliscribri-fax wird die Prahlerei der Kriegsleute verspottet. Goedeke nennt diese beiden Lustspiele die ausgezeichnetsten dramatischen Dichtungen des ganzen Jahrhunderts, glücklich in der Wahl der Stoffe, reich und sicher in der Anlage der Fabel, fest und treffend in der Zeichnung der Personen, und unbefangen, gewandt und angemessen in der Sprache; beide Stücke machen noch gegenwärtig einen frischen Eindruck und wirken vielleicht nicht weniger auf heutige Leser wie auf damalige Zuschauer.

Zeitgenossen und unmittelbare Nachfolger von Opitz waren

Zeitgenossen und Nachfolger des Opitz.

August Buchner (1591–1661) Professor der Poesie und Beredsamkeit zu Wittenberg; David Schirmer (1623–1682) kurfürstlicher Bibliothekar zu Dresden; Georg Neumark (1619–1681) Archivsekretär und Bibliothekar zu Weimar, und Erzschreinhalter der fruchtbringenden Gesellschaft; Johann Rist (1607–1667), der den Elbschwanen Orden stiftete und vorwiegend erbauliche Poesie schrieb. Hamburg hatte in

Hamburg als Hauptsitz der Dichtkunst.

dieser Zeit (wie auch später) eine große Bedeutung; doch zeichnen sich diese Hamburger Dichter durch eine gewisse tändelnde, zierliche Künstelei aus, besonders Philipp von Zesen (1619–1689). Simon Dach (1605

—1659) schrieb viele Gelegenheitsstücke, geistliche und welt= liche Lieder, wie z. B. das schöne Studentenlied, „Aennchen von Tharau." Die Nürnberger Schule wandte sich mehr der romantischen Literatur, den Schäfer= gedichten, Romanen, u. f. w. zu (Georg Philipp Harsdörffer, 1607–1658); die Hauptcharakteristik dieser Erzeugnisse ist Buntscheckigkeit und Geschmacksmengerei, über= einstimmend mit der Völkermengerei des Krieges.

Die eigentliche geistliche Lyrik dieser Periode gerieth viel besser als die weltliche, war aber nicht so kräftig wie die des 16. Jahrhunderts, obschon sie mehr Glätte besitzt. Paul Gerhardt (1606–1676) ist der berühmteste Dichter geistlicher Lieder in diesem Zeitalter; seine Lieder „Nun ruhen alle Wälder," „Ein Lämmlein geht und trägt die Schuld," „Ich singe dir mit Herz und Mund," u. m. a., bleiben die edelsten Kleinode der evangelischen Kirche. Ihm zunächst stehen die Lieder der Kurfürstin von Brandenburg („Jesus meine Zuversicht"), Rinkart's „Nun danket alle Gott," Rodi= gart's „Was Gott thut das ist wohlgethan" und andere in Goedeke's Grundriß (Seite 467.) angegeben. Weniger zahl= reich als die protestantischen waren die katholischen Kirchen= dichter; die vorzüglichsten sind Friedrich Spee (1592– 1635), ein Mann von tiefer, seelenvoller Innigkeit, der auch den Muth hatte, gegen die Barbarei der Hexenprocesse zu

schreiben; Johann Scheffler, genannt Angelus
Silesius (1624—1677), eine sehr hervorragende Dichter-
persönlichkeit, dessen Reimsprüche von einem theosophischen
Pantheismus eingegeben scheinen; und Laurentius
von Schnüffis, ein Schweizer Franciscaner.

Es sind außerdem noch einige Satiriker und Epigrammendichter zu erwähnen: der fruchtbarste, aber erst von folgenden
Geschlechtern und namentlich von Lessing gewürdigte Epigrammendichter dieser Zeit ist Friedrich von
Logau (1604—1655), in dessen Sinngedichten
sich Witz, Ernst der Gesinnung, Wahrheit der
Empfindung mit gesunden Lebensansichten und
treffender Kürze des Ausdrucks vereinigen. Als
Satiriker in poetischer Form tritt uns Joachim
Rachel (1618—1669) entgegen. Seine im gelehrten Style
abgefaßten Stücke halten sich so allgemein wie möglich; seine
Sittenschilderungen sind theilweise sehr gut, aber sie haben
einige aus Persius und Juvenal entlehnten Züge, die deshalb
dem deutschen Leben völlig fremd sind. Ihm weit voraus
an Natur und Lebendigkeit ist Johann Laurenberg
(1591—1659) aus Rostock, einer der wenigen deutschen
Dichter, der etwas Selbstständiges und Bedeutendes in
der plattdeutschen Sprache hervorbrachte. Seine vaterländische Gesinnung trieb ihn, die von den Ahnherrn vererbte
Mundart zu gebrauchen und gegen ihre Verächter zu verthei-

Friedrich von
Logau (1604—
1655) und
andere Epi-
grammen-
dichter und
Satiriker.

digen; auch wollte er von der neuen Verskunst Opitzens nichts wissen. In prosaischer Form wird die Satire durch Johann Mich. Moscherosch (1601–1669) vertreten. Sein Hauptwerk heißt Wunderliche und wahrhafte Geschichte Philanders von Sitte= wald und ist für die Sittengeschichte des dreißig= jährigen Krieges höchst wichtig. Als Kunstproduct

Philander von Sittewald.

ist es ziemlich breit und schwerfällig; die Satire löst sich häufig in langweilige und pedantische Allegorien auf, die, trotz der treffenden Einfälle, die sich hier und da finden, das ganze Buch sehr steif und sogar frostig lassen. Am besten und bekanntesten ist das Kapitel, worin die barbarische Rohheit des Soldatenlebens geschildert wird. Das Werk ist nicht original, sondern eine freie Umschreibung der Sueños (Visionen) des Spaniers Quevedo. Johann Balthasar Schupp (1610–1661) und Ulrich Megerle, besser bekannt als Ab= raham a Santa Clara (1642–1709), brachten den Humor und die Satire auf die Kanzel; der erstere war Protestant und Prediger zu Hamburg;

Abraham a Santa Clara 1642–1709.

der letztere, Augustinermönch und Hofprediger in Wien. Abraham's Schriften sind äußerst drollig, mit einge= streuten lateinischen Brocken und einer Menge von österrei= chischen Provinzialismen ausgestattet, was der Sprache ein wirres, macaronisches Aussehen gibt und den burlesken Cha= rakter des Ganzen noch erhöht. Von seiner Manier ist die

Kapuzinerpredigt in Schiller's Wallenstein ein gutes Bei=
spiel. Schupp war ein Mann von Witz und Menschenkennt=
niß, thätig, gelehrt ohne Pedanterie und ein erklärter Feind der
Opitzischen Poesie. Er bildet den Uebergang zu den heftigen
Gegnern, die am Anfang des 18. Jahrhunderts die schlesische
Dichterschule von mehreren Seiten angriffen. Der verfehlten,
geistlosen Schulbildung seiner Zeit tritt er scharf entgegen
und erhebt sich mit Entschiedenheit für den Gebrauch der Mut=
tersprache in den Wissenschaften. In dieser Hinsicht wird er
immer als der würdige Vorläufer des Thomasius zu verehren
sein.

Die epische Poesie dieser Periode ist nicht sehr gelungen;
Opitz zweifelte, ob sie überhaupt möglich sein werde; seine
Nachfolger waren weniger bedenklich, aber sie hat=
ten keinen klaren Begriff vom Wesen derselben, und
hielten Heldengedicht und Roman für gleichbedeu=
tend. Bei der Abfassung dieser Romane verfolgte man er=
bauliche, sittliche und didaktische Zwecke. „Geschichte aller
Zeiten und Länder, Staats= und Regierungskunst, Völker=
und Länderkunde, Alterthümer und Literaturgeschichte, Zei=
tungsnachrichten und geheime Hofgeschichten, Religions= und
Sittenlehre, Lebensvorschriften und Klugheitsregeln, Reise=
beschreibungen und merkwürdige Erfindungen, Astrologie und
allerlei anderer Aberglaube," dies Alles, und was sonst
wissenswürdig schien, oder die öde Langeweile vornehmer

Epische Poesie
und Romane.

Leser verkürzen konnte, findet sich in den Romanen dieser Zeit niedergelegt und besprochen.

Der berühmteste Roman dieser Art ist der Simplicius Simplicissimus von Christoffel von Grimmelshausen (1625–1676). Der Stoff ist ganz volksthümlich, und in dieser Hinsicht weicht der Roman von dem Charakter der französischen Staats-, Liebes- und Heldengeschichten völlig ab; die Anlage zeugt von großem Geschick, und die Darstellung ist durchgängig voll Witz, Laune und Heiterkeit. Simplicius, der seine Geschichte selbst erzählt, tritt auf als der Sohn eines armen Bauern im Spessart, von dem er als Knabe durch die Gräuel des Kriegs getrennt wird. Er flieht zu einem Einsiedler und wird von diesem unterrichtet und erzogen. Nach seines Beschützers Tode kommt Simplicius in das Haus eines Kommandanten von Hanau, wo er mit Einfalt und Mutterwitz den Gästen und dem Herrn allerlei Eulenspiegelstreiche spielt, die den Kommandanten auf den Gedanken bringen, ihn zum Narren auszubilden. Aber er narrt die, die ihn narren sollten, und so straft der Dichter hinter dieser Maske die Gebrechen der Gesellschaft mit ungescheutem, bitterem Spott. Endlich nach vielerlei Gaunereien und Schalkheiten, wird Simplicius ein Kriegsmann, macht sich einen großen Namen und viel Geld, erlangt Glück und Ehre und eine Freiherrschaft. Von jetzt an geht es aber wieder abwärts. Leichtsinnig verheirathete er

*Simplicissi-
mus.*

sich mit eines Obristen Tochter; seine Ehe schlägt übel aus; zugleich verliert er sein Geld; die Blattern rauben Haare, Stimme und Schönheit; er geräth in tiefste Noth. Zuletzt bekehrt er sich und führt ein gottseliges Leben, nachdem, wie er selbst sagt, „sein Leib müde, sein Verstand verwirrt, seine Unschuld dahin und seine edle Zeit verschwendet ist." Nach Weber's Bemerkung, hält der Simplicissimus die Mitte zwischen dem Parzival und Göthe's Faust. „Der eine kämpfend verliert den Glauben, der andere die Sitten=reinheit und der dritte in dem rastlosen Suchen nach Be=friedigung entsagt dem Glauben und überspringt die Schranken der Sitte." Der zweiten Ausgabe des Simplicissimus (1669) ward ein sechstes Buch beigefügt, worin der Held auf weiten Fahrten nach einer einsamen Insel verschlagen wird. Hier haben wir den Keim der sogenannten Robin=sonaden, zu denen die im Jahre 1720 erschienene deutsche Uebersetzung des „Robinson Crusoe" von Daniel Defoe einen unmittelbaren Anstoß gab. Die bemerkenswerthesten dieser Werke fallen in das 18. Jahrhundert, und werden daher an einer anderen Stelle näher bezeichnet werden.

Während dieses Zeitraums wurde das volksmäßige Schau=spiel vom Kriege ganz zerstört und durch ein

Das gelehrte Drama.

gelehrtes Drama ersetzt, welches mehr für das Lesen, als für die Aufführung bestimmt war; zuweilen wurden Stücke von den Pastoren geschrieben

und in den Kirchen mit Geſang zur Darſtellung ge=
bracht. Der bedeutendſte Dramatiker des 17. Jahr=
hunderts iſt der ſchon charakteriſirte Andreas Gryphius,
der aber zu ſehr das Gräßliche liebt und nicht einfach
genug iſt.

Die eigentlichen Stifter und Häupter der zweiten ſchleſiſchen
Schule, zu welcher der ſchon erwähnte Gryphius den
Uebergang bildet, waren Hoffmannswaldau und Lo=
henſtein. Christian Hoffmann von Hoff=
mannswaldau (1618–1679) beſuchte zuerſt die
Schulen in Breslau (ſeiner Vaterſtadt) und Danzig
und ſtudirte nachher zu Leyden. Später durchreiſte er im Ge=
leit des Fürſten von Fremonville die Niederlande, England,
Frankreich und Italien, wollte auch ſeine Reiſe nach Konſtan=
tinopel fortſetzen, als ſein Vater, um ihn an die Heimath zu
feſſeln, ihn verheirathete und ihm eine Rathsherrnſtelle in
Breslau verſchaffte. Sein leutſeliges Weſen und die ſtrenge
Treue und Rechtlichkeit ſeines perſönlichen Characters wer=
den einſtimmig gelobt; er war eben ſo heiter und lebens=
froh, wie der mit ihm innig befreundete Gryphius ernſt
und melancholiſch war; ſeine Gedichte, trotz der Sittlichkeit
ſeines Lebens, ſind üppig, tändelnd, frivol und oft bis
zur Frechheit ſchamlos. Er iſt der deutſche Ovid genannt
worden.

Weit ſchwülſtiger und auch roher iſt Daniel Caſper.

Die zweite
ſchleſiſche
Schule von
Hoffmanns=
waldau
(1618–1679)
geſtiftet.

Lohenstein
(1635-1683)
und sein Ro-
man Armi-
nius und
Thusnelda.
von Lohenstein (1635–1683), der das Gym=
nasium zu Breslau und später die Universitäten
Leipzig und Tübingen besuchte und dann Deutsch=
land, die Schweiz und die Niederlande bereiste.

Seine Hauptarbeiten waren Trauerspiele, worin
er viel falsches Pathos, abstoßende Gräßlichkeit und wilde
Bestialität vor die Augen der Zuschauer brachte. Er
schrieb auch ein von Christian Wagner (1663–1693) zu
Ende geführtes Romanungeheuer, Arminius und Thus=
nelda, von Zeitgenossen sehr gepriesen, aber weniger gele=
sen. In der Kunst der Sprache übertrifft es alle gleichzeitigen
historischen Prosawerke.

Ohne diesen beiden Männern irgendwie geradezu entgegen=
zutreten, weicht Christian Weise (1642–1708) doch von
Christian
Weise (1642-
1708) und die
Hofpoeten.
der Theorie und der Dichtungsmanier der zweiten
schlesischen Schule in vielen Stücken ab, strebt nach
Natur, Volksmäßigkeit und Einfachheit des Aus=
drucks und wird oft geschwätzig, nüchtern und
platt. Seine Anhänger Daniel Georg Morhof (1639–1691),
Joh. Riemer (1648–1714), Chr. Fr. Henrici (1700–1764)
und Andere waren poetisch unbedeutend. Ein zweiter Stoß
ging von den Hofpoeten aus, die dem französischen Geschmack
huldigend, die Poetik des Horaz und Boileau der Opi=
tzischen entgegenstellten und in allerlei Gelegenheitsgedichten
illustrirten: sie traten an die Stelle der Hofnarren und

Pritfchmeifter. Der bedeutendfte unter diefen Dichtern ift der Freiherr von Caniß (1654—1699), ein feingebildeter Staatsmann in Berlin; feine nicht für die Oeffentlichkeit beftimmten Gedichte

blieben von dem Schwulfte der Zeit ziemlich frei; er fucht das Einfache, ohne ins Platte zu fallen; doch fehlte es ihm an dichterifcher Phantafie und Kraft. Hierher gehören auch Benjamin Neukirch (1665—1729), Johann von Beffer (1654—1729), Michael Richey (1678—1761), Daniel Stoppe (1697—1747), der Dichter des Kaffees und der Kümmelfuppe; Chriftian Warnecke (1660—1700), der mit Poftel in Streitigkeiten gerieth und ihn im „Heldengedicht Hans Sachs" zum Oberhaupt geiftlofer Reimer krönen läßt; Barthold Heinrich Brockes (1680—1747), der fich nach dem Mufter der Eng-

länder bildete, die Natur wie Thomfon fchilderte, mit eingemifchten Reflexionen wie Young, d. h. Naturfchil- derung mit didaktifcher Tendenz. Brockes war ein Lieblings- dichter der Gebildeten im 18. Jahrhundert; er war auch einer der Schriftfteller, die fich in dem letzten Viertel des 17. Jahr- hunderts in Hamburg zufammendrängten, und diefe Handels- ftadt zum Hauptfitz der deutfchen Literatur machten.

Auch der talentvolle Johann Chriftian Günther (1695—1723) ftrebte nach dem Range eines Hofdichters, aber feine wüfte Leidenfchaft-

6

lichkeit und rohen Sitten stürzten ihn in Ausschweifungen, die
ihm den unversöhnlichen Haß seines Vaters zuzogen und
das Glück sowie das Leben untergruben. An Gemüth und
schöpferischer Einbildungskraft übertraf dieser früh gestorbene
Dichter die meisten seiner Zeitgenossen.

Das Drama unter der zweiten schlesischen Schule ward
durch den Einfluß der Oper zurückgedrängt. Das Schau=
spiel kam ganz in die Hände von Wandertruppen und wurde
folglich ganz von dem Volksgeschmack beherrscht. Den volks=
mäßigen Stücken gegenüber stehen die sogenannten
"Staatsaktionen," worin Fürsten und vornehme
Leute die Hauptrollen spielten (Franz Horn, Poesie
und Beredsamkeit seit Luther. Th. 2. S. 250). In diese
Zeit fallen die Puppenspiele "Don Juan," "Dr. Faust,"
"der Verlorene Sohn," u. s. w. Die Einführung der Oper
brachte auch Frauen auf die Bühne. Im Ganzen waren die
Schauspieler sehr unsittlich und das Abendmahl wurde ihnen
gewöhnlich auf dem Sterbebett von den Geistlichen versagt.
Durch die Versuche der Gelehrten, besonders im Trauerspiel,
wurde sehr wenig geleistet ; die Lustspiele waren volksmäßiger
und besser ; an den Höfen gab man sogenannte "Wirth=
schaften." Die Oper ist um die Mitte des 16. Jahrhun=
derts in Italien aus den Schäferspielen mit Chören ent=
standen und wurde im 17. Jahrhundert in Deutschland
eingeführt. Die erste deutsche Oper, Opitzen's Daphne,

Oper und Puppenspiel.

war nach dem Italieniſchen bearbeitet. Das ganze Theater ſchien in Opern aufzugehen, die zur Zeit Gottſcheds ſich zum Schauſpiel wie zehn zu eins verhielten. Es kam da= bei hauptſächlich auf die Muſik und das Schaugepränge an. Gottſched trat ſchon früh dieſer Lieblingsform des Dramas entgegen, und durch ſeinen Einfluß verſchwand ſie nach und nach von der Bühne. Die letzten im alten Style gehaltenen Opern wurden 1741 aufgeführt. Gluck ſuchte den leeren, effecthaſchenden Maſchinenpomp der ent= arteten italieniſchen Schule zu verdrängen und der tieferen, künſtleriſchen Einheit der dramatiſchen Muſik zuzuſtreben; Händel wandte ſich zur Compoſition von Oratorien, in welchen er unerreicht iſt.

Den Hauptzweig der Proſa bildete der picariſche Roman, der aus Spanien ſtammt. Zu gleicher Zeit wucherten die Robinſonaden, von denen „die Inſel Felſen= burg" von Ludwig Schnabel die bedeu= tendſte iſt und bis zur franzöſiſchen Revolution viel geleſen wurde. Die Philoſophie wird vertreten von Jacob Böhme, der in der neueren Zeit von der romantiſchen Schule ſehr überſchätzt iſt. Er wurde wegen ſeiner philo= ſophiſchen Lehren vor Gericht gefordert, aber freigeſprochen, weil man ihn nicht verſtehen konnte. Leibnitz (1646– 1716), einer der vielſeitigſten Gelehrten und ſcharfſinnigſten Denker aller Zeiten, ſchrieb haupt=

Robinſonaden.

Leibnitz 1646–1716.

sächlich französisch und lateinisch). Er erfand die Differen=
tial= und Integralrechnung und begründete in Mathematik
und Naturwissenschaften eine neue Epoche. Durch die An=
wendung der deutschen Sprache in wissenschaftlichen Werken,
erwarb sich sein Schüler Christian von Wolf
(1679–1754) große Verdienste. Gerade dadurch
übte die Leibnitz=Wolfische Philosophie einen so
umfassenden und nachhaltigen Einfluß auf die geistige Ent=
wickelung der Nation.

Ch. von Wolf
1679–1754.

Bahnbrechend in dieser Richtung war Chri=
stian Thomasius (1655–1728), der es zuerst
wagte, in akademischen Vorträgen sich der deut=
schen Sprache zu bedienen. Als Privatdocent in Leipzig
(1687) ließ er ein deutsches Programm drucken, worin er die
Nation aufforderte, in der Ausbildung der Muttersprache den
Franzosen nachzuahmen, und fing dann an, philosophische
Vorlesungen in deutscher Sprache zu halten. Solche Neue=
rungen, mehr noch seine Meinungen und seine polemische
Lehrmethode, erregten das Geschrei der Pedanten und die
Feindschaft der strenggläubigen Theologen, die seine Ver=
treibung aus Leipzig erwirkten; er ging nach Halle, wo seine
Vorlesungen mit vielem Beifall aufgenommen wurden und
den Anlaß zu der Stiftung der dortigen Universität gaben.
Alles, was ihm als unnütz und fanatisch erschien und einer
freien Entwickelung der Menschheit hemmend im Wege stand,

Ch. Thoma=
sius
1655–1728.

griff er mit allen Waffen des Witzes und Verstandes an.
Er bekämpfte die Hexenprocesse und die Folter und gab den
ersten Anstoß zu deren Entfernung von den Gerichtshöfen.
Friedrich der Große legt das Zeugniß ab, daß von allen
deutschen Gelehrten „Thomasius neben Leibnitz dem menschlichen Geist die wichtigsten Dienste geleistet habe." Und in
der Berlinischen Monatsschrift für Januar 1794 (S. 17.)
schreibt Gedicke: „Thomasius bewirkte nach Luther die zweite
höchst nöthige und äußerst glückliche Reformation; er ward
ein Wohlthäter seiner Zeit und der Nachkommenschaft. Wir
Alle verdanken ihm einen großen Theil unserer intellectuellen
und moralischen Glückseligkeit, verdanken ihm die Errettung
aus den schmählichen Ketten der Vorurtheile und des Aberglaubens. Mögen hunderte seiner dogmatischen Behaup-
tungen jetzt irrig befunden werden, mag sein Geschmack zum
Theil unausgebildet, zum Theil falsch heißen; mögen die
meisten seiner Schriften jetzt nur noch den Forscher der Literaturgeschichte interessiren; alles dies sind vorübergehende
äußere Dinge. Die Tendenz seines Geistes war die richtige,
sein kritischer Sinn weckte alle guten Köpfe." Was Leibnitz und
Wolf thaten für Wissenschaft und philosophischen Rationalismus, und Thomasius für die Sprache und Lehrart, das leisteten
Spener, Arnold und Dippel für Religion und Kirchlichkeit,
Franke für Philanthropie und Geßner (zu Göttingen), Christ,
Mascov und Bünau für philologische und historische Studien.

Unser zweiter Abschnitt umfaßt den Zeitraum von Gott=

Zweiter Ab=
schnitt von
Gottsched bis
zur romanti=
schen Schule.

sched bis zur romantischen Schule. Während
dieser Periode bekümmerte sich der Adel in
Deutschland wenig um den Fortschritt der na=
tionalen Bildung; in England und Frankreich
dagegen stand der Adel an der Spitze der Cul=
tur. Die Gelehrten bildeten eine abgeschlossene Zunft und
pflegten eine todte Stubengelehrsamkeit in der lateinischen
Sprache; diese Studien erzeugten Engherzigkeit der Gesin=
nung. Unter den Universitäten vertritt in einer freieren
Richtung, Halle die Theologie, Göttingen die Humanitäten
und Geschichtsforschung, und Jena die Philosophie. Das
Verlangen nach reinerer und gemüthstieferer Religiosität
äußerte sich in der Bewegung der Pietisten gegen den er=
tödtenden Druck der hergebrachten Orthodoxie. Christian
Wolf führte eine strenge Methode in die Philosophie ein.
Kant's Kritiken wirkten befruchtend auf die Dichtung durch
die Aesthetik und die Entwickelung des Schönheitsbegriffes;
Ernesti, Christ, Winckelmann, Heyne, F. A. Wolf u. a.
strebten die Alten gründlicher zu erklären und lernten die

Die
Aufklärung.

Kunstschöpfungen der Griechen mit unbefangenem
Blick zu erkennen. Es ist das Zeitalter der
Aufklärung und der Befreiung vom Buchstaben,
oder um Kants Ausdruck zu gebrauchen, der Ausgang des
Menschen aus seiner selbstverschuldeten Unmündigkeit, welcher

sich zuerst in Lessing's Thätigkeit verwirklicht und sodann die höchste Vollendung in Göthe's und Schiller's Dichtung erreicht.

Von günstigem Einfluß auf die schöne Literatur war die Entstehung von Zeitschriften: „Acta Eruditionis" in Leipzig um die Mitte des 17. Jahrhunderts, eine Nachahmung des Journal des Savans; Thomasius' „Gedanken oder Monatgespräche über allerhand lustige und ernsthafte Bücher" (1688–90), die erste Zeitschrift in deutscher Sprache; Frankfurter gelehrte Zeitung; Göttinger gelehrte Anzeigen (1742); und besonders nach dem Vorbilde des Tatler, Spectator und Guardian von Steele und Addison, eine Menge von moralischen Wochenschriften, die etwa zwischen 1730 und 1740 entstanden: Leipziger Bibliothek der schönen Wissenschaften und Künste von Nicolai herausgegeben; Literaturbriefe (in Berlin) von Lessing, Mendelssohn und Nicolai; der Deutsche Mercur von Wieland und F. H. Jacobi, u. s. w.

Zeitschriften.

Aber der englische Einfluß beschränkte sich nicht blos auf Wochenschriften und Romane, sondern zeigte sich auch in der Poesie, besonders in Naturbeschreibungen, Satiren und Lehrgedichten. Dieser Uebergang in der Literaturgeschichte von Boileau zu Pope und Thomson, sehen wir deutlich in Brockes und Drollinger, und namentlich in Haller und Hagedorn. Albrecht von

Einfluß der englischen Poesie.

Haller
1708–1777.
Haller (1708–1777) studirte Naturwissenschaften zu Tübingen und nachher zu Leyden
unter Boerhave; später war er Professor der Medicin zu
Göttingen und seit 1753 Ammann in Bern und Direktor der
Salzwerke in Bex. Frühe Reisen in Holland, Frankreich
und England verdrängten die Vorliebe seiner Knabenjahre
für die zweite schlesische Schule, und nährten die schon durch
freundschaftlichen Verkehr mit Drollinger und Müralt erweckte
Hinneigung für die englische Dichtung. In seinen Lebensansichten war Haller ernst und selbst finster. Seine Gedichte
zeichnen sich durch Kraft und Gewandtheit der Sprache und
malerische Beschreibungen großartiger Naturscenen aus; doch
wirkte er noch mehr vielleicht durch seine alles überragende
Persönlichkeit. Sein bestes und berühmtestes Werk ist das
in Alexandrinern verfaßte Lehrgedicht „die Alpen," die Frucht
einer im Jahre 1728 unternommenen naturwissenschaftlichen
Reise in der Schweiz. Sein religiöses Gedicht vom Ursprung
des Uebels lehnt sich an Leibnitzens Theodicee an, und kann als
Vorläufer der Messiade angesehen werden.

Eben so bedeutend für die Dichtkunst wie Haller, aber an
Character ihm gerade entgegengesetzt, war Friedrich von
Hagedorn (7 08–1754) aus Hamburg. Er stu-
dirte in Jena und ging 1729 als Sekretär des
dänischen Gesandten nach London, wo er vier
Jahre verweilte. Seine gutmüthige und gesellige Natur er-

Hagedorn
1708–1754.

warb ihm viele Freunde; auch iſt die techniſche Schönheit
ſeines Versbaus äußerſt anziehend. In der Fabel und poe=
tiſchen Erzählung nahm er Lafontaine zum Vorbild; mit be=
ſonderer Vorliebe dichtete er leichte Lieder, in welchen er ſich
mit Anmuth zu bewegen wußte. Er war der erſte in dieſem
Gebiet, den man in Deutſchland den Franzoſen an die Seite
ſetzen durfte. Doch bei ihm, wie bei Haller, herrſchte der
Verſtand über die Einbildungskraft; ihre Dichtungen ſind
nicht freie Schöpfungen der Phantaſie, ſondern nur gefällige
Aeußerungen der Empfindungen und des Witzes.

Indeſſen fing Johann Chriſtoph Gott= Gottſched
1700–1766.
ſched (1700–1766), ein Mann von höchſt pro=
ſaiſcher Natur an, eine faſt dictatoriſche Gewalt über deutſche
Literatur und deutſchen Geſchmack auszuüben. Aus Ju=
dithenkirchen bei Königsberg gebürtig, flüchtete er vor dem
Militärdespotismus ſeiner Heimath 1724 nach Leipzig, wo
er Vorleſungen an der Univerſität hielt. Als Haupt der
deutſchen Geſellſchaft äußerte er einen mächtigen
Einfluß auf ähnliche Verbindungen im nördlichen Deutſchland,
und als Lehrer der Poeſie und Redekunſt bildete er Schüler,
die überall ſeine eifrigen Parteigänger wurden. Sein Muſter
war der franzöſiſche Klaſſicismus, der den Deutſchen ſein
ſollte, was die Griechen den Römern waren. Er erkannte
keinen Zweck der Dichtung, als den der trockenſten und
abſichtlichſten Lehrhaftigkeit. Dies ſtellte er als die höchſte
6*

Probe eines guten Gedichtes auf; in seiner Kritik der Odyssee faßte er nur die Lehre ins Auge, daß es nicht gut sei, daß ein Hausvater zu lange von Hause bleibe. (Vgl. Danzel's „Gottsched und seine Zeit" (Leipzig 1848); ein tüchtiges und verdienstvolles Werk.)

Gottsched's Hauptbestrebung war auf die Bühne gerichtet, die er von der Herrschaft der weiseschen Lustspiele, der lohenstein'sschen Trauerspiele und des tollen Opernwesens zu befreien und „auf französischen Fuß" zu stellen bestrebt war. Sein „Nöthiger Vorrath zur Geschichte der deutschen Dramatischen Dichtkunst" (1757—65) ist noch heute unentbehrlich für die Kenntniß der älteren deutschen Theaterstücke. „Der sterbende Cato," aus dem bekannten Stück Addisons und dem gleichnamigen des Franzosen Deschamps zusammengearbeitet, ist ein an sich ganz werthloses, doch für die damalige Geschichte und Entwickelung des deutschen Dramas sehr wichtiges Product. Den großen Beifall, welchen sich Gottsched durch dieses steife, mit Scheere und Kleister fabrizirte Trauerspiel erwarb, kann man nur daraus erklären, daß er in demselben der vaterländischen Bühne gegen die rohen Staatsaktionen und Hanswurstkomödien den ersten, festen Haltpunkt in einer regelmäßigen, versificirten Tragödie darbot. Eine Gehülfin in diesen Arbeiten war seine feingebildete Frau Luise Adelgunde Culmus (1713—1762), die viele Werke der französischen Dichter ins Deutsche übersetzte.

Während im Norden Gottsched's Urtheil als unfehlbares
Gesetz des Geschmacks galt, erhob sich in der Schweiz gegen
den dreisten und pedantischen Kunstrichter ein gewaltiger, im
Stillen sich vorbereitender Sturm, der den Leipziger Autokra=
ten vom Throne stieß und seine Macht auf immer vernichtete.
Der Mittelpunkt dieser neuen Bewegung lag in Zürich, wo
eine Anzahl rühriger und für alles Höhere em=
pfänglicher Männer sich um Gottsched's Hauptgeg=
ner Bodmer und Breitinger geschaart hatten.
Joh. Jac. Bodmer (1698–1783) und Joh.
Jac. Breitinger (1701–1776) waren beide

Die Schwei=
zer Bodmer
(1698–1783)
und
Breitinger
(1701–1776).

Amtsgenossen zu Zürich; der erstere war auch Professor der
eidgenössischen Geschichte und Politik, der letztere, Professor der
hebräischen und später der griechischen Sprache am dortigen
Gymnasium. Mit Recht pflegt man sie immer gemeinsam zu
nennen, da ihre Thätigkeit eine durchaus gemeinsame war.
Beide waren in jeder Schrift betheiligt. „Der erste Anstoß,
die maßgebende Idee kam meist von Bodmer; Breitinger
aber war der Prüfende, Ordnende, Ausführende. Im tiefsten
Kern sind Beide übereinstimmend; aber Breitinger, ernster
und gemessener, hat sich niemals zu jenen thörichten Ueberetrei=
bungen fortreißen lassen, mit denen später Bodmer in seiner
kraftlosen Nachahmung Klopstock's und in seinem unverstän=
digen Kampf gegen Lessing seinen Namen befleckte." Beide
waren mehr Kritiker als Dichter, der letztere hatte das größere

Talent als Poet, doch beschränkte er sich bescheiden nur auf
die Kritik, ohne Bodmers unglückliche Sucht, durch dichterische
Leistungen sich auszeichnen zu wollen. Sie stellten die von
Lessing später im Laokoon vollkommen widerlegte Theorie auf,
daß die Dichtung eine Art Malerei sei. In den Discur=
sen der Maler griffen sie die in Gottsched's Diensten stehen=
den Wochenschriften und Zeitungen an. Zum Ersatze, als Bod=
mer Milton's verlorenes Paradies übersetzte (eine Prosaüber=
setzung, welche die Veranlassung zu Klopstock's Messias gab),
behandelte der Leipziger Professor die Begeisterung des Schwei=
zers für den Engländer, sowie auch beiläufig Breitinger's kri=
tische Dichtkunst, mit Hohn und Verachtung. Darauf brach
die offene Fehde aus. Die deutsche Literatur theilte sich in
zwei feindliche Heerlager, die sich in gleich maßloser Leiden=
schaftlichkeit bekämpften. Mit Geist und Gelehrsamkeit, mit
Spott und sogar mit persönlichen Klopffechtereien wurde der
Kampf geführt. Endlich aber erlitt Gottsched eine vollstän=
dige Niederlage. Und als er nachher übermüthig und ver=
blendet, auch gegen Klopstock's Messias zu Felde zog und ihn
durch das erbärmliche Machwerk seines Schildknappen, des
Freiherrn von Schönaich, („Hermann oder das befreite Deutsch=
land, ein Heldengedicht" hieß das 1751 herausgegebene Stück)
zu verdunkeln meinte, „verlor er so sehr alles Ansehen, daß er
die letzten zwanzig Jahre seines Lebens in gänzlicher Ver=
gessenheit zubrachte."

Zu den Schweizern gesellte sich während des Streites der beste Theil der deutschen Jugend, darunter der kräftige und in der Prosa-Satire sehr gewandte C h r i s t i a n F r i e d r i c h L i s c o v (1701–1760), der mit den schärfsten Waffen der Ironie und des Witzes und in einem musterhaften Styl den orthodoxen Theologen, der todten Pedanterei der Schulmänner und der dünkelhaften Nichtigkeit der damaligen Schriftstellerwelt zu Leibe ging. Mit Recht nennt ihn Helbig einen Vorläufer Lessings. Seine gelungensten Satiren sind: „ *Vitrea fracta* oder des Ritters Robert Clifton Schreiben an einen gelehrten Samojeden, betreffend die seltsamen und nachdenklichen Figuren, welche derselbe auf einer gefrornen Fensterscheibe wahrgenommen" (1732), und die allgemeiner gehaltene, aber sehr beißende Abhandlung „Die Vortrefflichkeit und Nothwendigkeit der elenden Scribenten gründlich erwiesen" (1736), die beide mit anderen Stücken in seiner „Sammlung satirischer und ernsthafter Schriften" 1739 gedruckt wurden.

Liscov 1701–1760.

Einer der getreuesten Anhänger Gottscheds, J o h. J o a c h i m S c h w a b e (1714–1784), seit 1765 Professor der Philosophie zu Leipzig, unternahm schon im Jahre 1741 die Gründung einer Zeitschrift („Belustigungen des Verstandes und des Witzes"), um welche eine Reihe jüngerer Schüler Gottsched's sich als Mitarbeiter geschaart hatte. Bald aber wurde diesen jungen

Schwabe (1714–1784) und seine Zeitschrift.

strebsamen Männern die Dictatur des despotischen Leipzigers
unerträglich, und je mehr der Herausgeber im Interesse seines
Meisters in den Kampf mit den Schweizern eingriff, je ent=
schiedener wendeten sie sich von ihm ab; endlich (1742) grün=
deten sie eine eigene Zeitschrift ähnlicher Art: „Neue Bei=
träge zum Vergnügen des Verstandes und Witzes," die nach
ihrem Druckort vorzugsweise „Bremer Beiträge"
genannt, und von Karl Christian Gärtner
(1712–1791), später seit 1748 Professor am
Coll. Carolinum zu Braunschweig, geleitet wurde. Die
Hauptmitarbeiter waren Rabener, Adolf Schlegel (Vater der
Romantiker A. W. und Fried. Schlegel), Conrad Arnold
Schmid, Ebert, Zachariae, Gellert, Giseke, anfangs auch
Mylius; Joh. Elias Schlegel, Kleist, Gleim, Straube,
Fuchs, Hagedorn, Ramler, Klopstock u. a., hatten Antheil
an dem Bunde oder doch unmittelbare Beziehungen zu dem=
selben. Hier können wir nur die bedeutendsten Mitglieder
dieses literarischen Freundschaftskreises näher charakterisiren.

Die Verfasser der Bremer Beiträge.

Gottlieb Wilh. Rabener (1714–1770)
richtete sich in seinen ziemlich zahmen Satiren
gegen die Verkehrtheiten der mittleren Classen,
statt wie Liscov, die Fehler der vornehmen Stände und die
politischen Gebrechen der Zeit zu züchtigen; wie Bodmer mit
Recht sagte, Liscov habe der Habichte Schnäbel und Fittiche
beschnitten, während Rabener mit sanfterem Gemüth nur

Rabener 1714–1770.

Elstern und Hähne verfolge. Es ist für Beide sehr bezeich=
nend, daß der letztere als Steuerrevisor sein Glück machte,
unter demselben Grafen Brühl, von dem der erstere, wegen
freimüthiger Aeußerungen über die verderbliche sächsische
Finanzwirthschaft, eingekerkert wurde. Rabener war ein
sanfter, gutmüthiger Mann, ohne Phantasie und Verstandes=
tiefe, ohne den Muth in die großen Conflicte der Poli=
tik und der Gesellschaft hineinzugreifen; deshalb blieb ihm
nichts übrig, als seine Geißel über alte Jungfern, junge
Wittwen, rohe Landjunker, stellensüchtige Candidaten und der=
gleichen kleines Vieh zu schwingen. Trotz alledem wirkte er
befruchtend auf die geistige Bildung seines Zeitalters und
hatte namentlich einen heilsamen Einfluß auf die Jugend,
was aus Göthe's Urtheil im siebenten Buch von Dichtung
und Wahrheit leicht ersehen werden kann.

Noch mächtiger und allseitiger war die Wirksamkeit seines
Zeit= und Strebensgenossen, Christian Fürch= Gellert
1715–1769.
tegott Gellert (1715–1769). Aus den=
selben Anschauungen und Zuständen hervorgewachsen wie
Rabener, war er viel tiefer und inniger. Körperliche Leiden
und Hypochondrie entzogen ihm den rechtmäßigen Antheil am
geselligen Leben und trieben ihn zu ängstlichen Selbstquälereien
und übertriebenen Andachtsübungen, die seine guten Stunden
verkümmerten. Mit den Jahren nahm sein Ascetismus und
religiöser Eifer zu; er wurde zum ästhetisch=moralischen

Enthusiasten, ging auf Seelenrettungen aus, verdammte selbst die unschuldigsten Genüsse, hielt seine früheren Beschäftigungen mit der Fabel und der Lustspiel= und Romandichtung für Sünde und widmete hinfort seine Thätigkeit den geistlichen Oden und Liedern, die der reine Abdruck seines frommen Ge= müthes sind. Als Lehrer war er von der größten Bedeutung. Cramer, sein Biograph, erzählt, wie die Leser und Leserinnen seiner Schriften, in der Nähe und in der Ferne, ihn zum Freunde und allgemeinen Gewissensrathe machten; Väter wollten von ihm wissen, wie sie ihre Söhne erziehen, Mütter, wie sie ihre Töchter bilden, Jünglinge, was sie studiren, Mäd= chen, ob sie diese oder jene Anträge zur Verheirathung anneh= men sollten; brieflichen Rath mußte er auch ertheilen an „hysterische Frauenzimmer, denen die Clarissa im Kopfe spukte." Seine Empfehlungen wurden wie Orakelsprüche verehrt. Nicht nur bei den Studenten, sondern bei allen Ständen, sagte Göthe, sei an Gellert, an die Tugend und an die Religion glauben, beinahe Eins. Die beispiellose Popularität, deren seine Fabeln und Erzählungen sich er= freuten, ist bis auf den heutigen Tag noch nicht völlig verschwunden. Seine prosaischen Arbeiten haben auf ihre Zeit nicht minder segensreich gewirkt. Sein bestes Lust= spiel ist „die Betschwester." Die übrigen sich an Hagedorn und Gellert heranbildenden Fabeldichter, Lichtwer (1719– 1783), Pfeffel (1736–1809) u. a., dürfen wir übergehen, da ihre Anzahl eben so groß ist, als ihr Werth im Ganzen gering.

Wie Liscov in der Satire, so war in der Umgestaltung des Dramas Johann Elias Schlegel (1718–1749) der Vorläufer Lessing's. Seit 1739 lebte er zu Leipzig im regsten Verkehr mit Gottsched und dessen Kreise; doch wußte er seine Selbstständigkeit gegen das herrschsüchtige Schulhaupt zu wahren. Im Jahre 1741 gab Caspar Wilhelm von Bork, der einige Jahre vorher preußischer Gesandter in London gewesen war, eine in gereimten Alexandrinern verfaßte Uebersetzung von Shakespeare's Julius Cäsar heraus. Dieses Stück griff Gottsched mit höhnischer Mißachtung an, und erdreistete sich sogar zu behaupten, daß „die elendeste Haupt- und Staatsaktion nicht so voll von Schnitzern und Fehlern wider die Regeln der Schaubühne und der gesunden Vernunft sei;" er ermahnte den Uebersetzer künftig sich bessere Urschriften zu wählen. Da erhob sich der junge Schlegel gegen diese albernen Vorwürfe und schrieb in derselben Zeitschrift, in der Gottsched's Anzeige erschienen war, eine „Vergleichung Shakespeare's und Andreas Gryphius'," welche eine für jene Zeit merkwürdig einsichtsvolle Kenntniß und Würdigung der dramatischen Dichtung des Engländers an den Tag legt. 1747 erließ er eine noch entschiedenere Kriegserklärung gegen Gottsched und die französische Tragik in der Schrift: „Gedanken zur Aufnahme des dänischen Theaters." Daß diese kühnen Aeußerungen und Anregungen keinen unmittelbaren und durchschlagenden Erfolg hatten, liegt besonders in dem Umstand, daß Schlegel die Macht der poetischen Gestaltung fehlte, wodurch er hätte seiner dramaturgischen Thätigkeit den gehörigen Nachdruck geben können. Doch haben sich seine Dramen ziemlich lange auf der Bühne erhalten, und wurden von Lessing, Mendelssohn und sogar von Schiller gepriesen.

Zachariä
(1726–1777)
und Kästner
(1719–1800).

Friedrich Wilh. Zachariä (1726–1777) ist durch seine komischen, dem Lockenraub Pope's nachgebildeten Epen und beschreibenden Gedichte bekannt; die bedeutendsten sind Der Renommist, Phäton, Das Schnupftuch und Murner in der Hölle, wichtig als Zeit= und Sittenschilderungen und wegen der zahlreichen Nachahmungen, die sie hervorriefen. Mehr Gottsched's Geschmack zugethan war Abrah. Gotthelf Kästner (1719–1800), Mathematiker und Epigrammendichter. In dem Dichterkrieg zwischen dem Sachsen und den Zürchern behauptete er eine unabhängige Stellung und richtete seine scharfen Pfeile nach beiden Seiten hin. Preußen's Theilnahme an der poetischen Literatur be=

Die Hallische
Dichterschule.

gann mit der Hallischen Dichterschule, deren Urheber und Wortführer Jacob Immanuel

J. J. Pyra.
1715–1744.

Pyra (1715–1744) war, ein Mann von bedeutendem Talent, der, durch Bodmer angeregt, eine

Gottscheb's Autorität fast vernichtende Analyse des sterbenden
Cato, und auch ein noch nicht völlig vergessenes Lehrgedicht:
„Der Tempel der Dichtkunst," schrieb.

Von großem Einfluß war damals auch sein Freund
Samuel Gotthold Lange (1711–1781),
trotz der traurigen Berühmtheit, welche ihm Les=
sing's zermalmende Kritik von seiner stümper=
haften Horazübersetzung bei der Nachwelt verschafft hat.
Aber den Mittelpunkt der Dichtergruppe bildete Joh.
Wilh. Ludwig Gleim (aus Ermesleben
bei Halberstadt, 1719–1803), der eigentliche Be=
gründer der sogenannten anakreontischen Dichtung
in Deutschland; seine Grenadierlieder aus den Feldzügen
von 1756 und 1757 erregten allgemeines Aufsehen und
waren, wie Lessing in einer Recension vom 22. Mai 1751
berichtet, nicht blos in allen Händen, sondern in Aller Gedächt=
niß. Demselben Kreise gehörte auch Christian Ewald
von Kleist (aus Pommern, 1715–1759, in
der Schlacht bei Kunnersdorf tödlich verwundet);
hauptsächlich bekannt durch sein idyllisches Gedicht:
Der Frühling, in welchem sehr anziehende Genrebilder
nach dem Muster Thomson's an einander gereiht sind;
das Ganze ist von dem Hauche eines warmen, empfind=
samen Gemüths angeweht. Merkwürdig ist es zu sehen, wie,
als der siebenjährige Krieg ausbrach, die in diesem elegisch=

*Samuel
Gotth. Lange
1711–1781.*

*Gleim
1719–1803.*

*Kleist
1715–1759.*

sentimental gestimmten Geiste schlummernde Kriegslust er=
wachte, die ihn zum epischen Gesang (Cissides und Paches)
begeisterte und ihn, in demselben Jahre, dem Schlachtentod in
die Arme führte. Nachfolger Kleist's in derselben Richtung idyl=
lischer Kleinmalerei, aber unendlich nüchterner und manierirter,

Geßner
(1730–1787)
und Ramler
(1725–1798). war Salomon Geßner (aus Zürich, 1730–
1787), in dessen weichen, süßlichen Gedichten die
arkadisch träumende Krankhaftigkeit des Rousseau'=
schen Zeitalters sich abspiegelt. Er schrieb auch
Idyllen in Prosa. Als ein Verbindungsglied zwischen dem
eben erwähnten Kreise und der Lessing'schen Tendenz, kann
man Karl Wilh. Ramler (aus Colberg, 1725–1798)
ansehen. Mit einem sehr feinen Gefühle für Rythmus
begabt, schien er sich gleichsam zum Dichter geboren; „seine
Mutter war zur Zeit seiner Empfängniß ins Bad gereist,
mehr um der Nachtigallen, als um des Bades willen, wie sie
sagte; dies nun war ihm das huldreiche Lächeln der Melpo=
mene über seiner Geburt." In der That aber ist ihm von
den Gaben der Musen nichts geworden; seine Gedichte sind
meistens wohlklingend, aber inhaltslos; er wirkte weit mehr
durch seine klare und rücksichtslose Kritik fremder Schöpfungen,
als durch eigne Ursprünglichkeit und dichterische Kraft. Seine
Freunde, Uz, Götz, Kuh, Kleist, Nicolai, die Karschin und
zumal Lessing vertrauten seinem prüfenden Scharfblicke und
richtigen Takte ihre Werke an und ließen ihn darin aufs

Rücksichtsloseste gewähren. Für die moderne Uebersetzungs=
kunst, wie sie später von Voß, Solger und Platen geübt
worden, ist sein Beispiel musterhaft und maßgebend gewesen.

Alle diese Bestrebungen theilte zuerst auch Friedrich
Gottlieb Klopstock (aus Quedlinburg, 1724–
1803), der mit lebhaftester Theilnahme den Strei=
tigkeiten zwischen Gottsched und Bodmer folgte;
frühzeitig aber ward er von dem eigenen Genius
auf eine Bahn gewiesen, die ihn von dem Trei=
ben seiner Zeitgenossen entfernte und weit über sie emportrug.

Klopstock
(1724–1803)
und der Auf=
schwung der
Dichtkunst.

Schon im fünfzehnten Jahre auf der Schule von Schulpforte
versuchte er sich in poetischen Formen und faßte sogar den
Plan zu seinem Messias. Bald nachher lernte er Milton
kennen; dann, wie er an Bodmer schrieb, loderte das Feuer,
das Homer in ihm gezündet hatte, zur Flamme auf und hob
seine Seele, um die Religion zu besingen. Am 21. Sep=
tember 1745 hielt er eine Abschiedsrede über das Epos, worin
Tasso als der erste christliche Epiker, und Milton als der
Höchste in seiner Kunst gepriesen werden, und bezog die
Universität Jena, um Theologie zu studiren. Hier entwarf
er die ersten drei Gesänge des Messias in Prosa, wählte
dafür aber in Leipzig, wohin er Ostern 1746 übergesiedelt
war, das Versmaß Homer's und Virgil's, obgleich man bis
dahin den Hexameter zu einem großen deutschen Gedicht noch
niemals angewandt hatte. 1748 erschienen sie in den Bremer

Beiträgen und hatten eine wahrhaft überwältigende Wirkung.
Seitdem ist der Hexameter in Deutschland eingebürgert. Ohne
die gelungene That des jungen Leipziger Studenten wären die
Voß'sche Homerübersetzung und Göthe's Hermann und Dorothea nicht möglich gewesen. 1750 folgte Klopstock der Einladung Bodmer's nach Zürich; hielt sich dort drei Viertel-
jahre auf und ging dann nach Hamburg, wo er 1754 die geist-
volle Margareta Moller, die „Cidli" seiner Oden, heirathete.
1758 entriß sie ihm der Tod. 1791 vermählte er sich mit
einer Wittwe, Johanna von Winthem, und starb am 14.
März 1803. Seine Bestattung war großartig; unter dem
Geläute von sechs Thürmen bewegte sich der lange Zug durch
die Hauptstraßen Hamburg's mit militärischer Begleitung
zu Pferde und zu Fuß; die Behörden und Bürger folgten
dem Sarge in Wagen; Trauerflaggen wehten von den Schif-
fen im Hafen. Nie ist ein Dichter ehrenvoller begraben
worden.

Doch eben zu dieser Zeit hatte sich Klopstock's Messias
schon überlebt, und wurde mehr bewundert als gelesen; jetzt
gibt es wenig Menschen, die dieses Werk vom Anfange bis
zum Ende durchgelesen haben. Bekanntlich wurde das Gedicht
in einem Zeitraum von fünf und zwanzig Jahren geschrieben
(1748–1773), und ist daher sehr ungleich und theilweis unver-
hältnißmäßig ausgedehnt. Die ersten zehn Gesänge sind die
besten; es fehlt aber dem Ganzen der wahrhaft epische Cha-

rakter. Nichtsdestoweniger ist sein literar-historischer Werth
außerordentlich groß. Als Lyriker steht Klopstock bedeutend
höher denn als Epiker, besonders in seinen ernsten Oden.
Seine Dramen sind fast durchgehends mißlungen und ohne
Handlung; dafür hatte er weder gestaltende Kraft, noch die
nöthige theoretische Einsicht. Seine Prosa hat wenig Bedeu=
tung. Er besaß eine tiefe und lebendige Kenntniß des Geistes
der classischen Poesie; begeisterte sich für das Christenthum
und das Vaterland; er legte seine ganze Individualität in
seiner Dichtung offen dar. Er war gewissermaßen der Vor=
läufer der Sturm= und Drangperiode. (Vergl. Pfeiffer's
„Klopstock und Göthe." Leipzig, 1842.) Er hat in seiner
Dichtung keinen plastischen Charakter; mehr Reizbarkeit der
Empfindung, als schöpferische Kraft; ist edel, würdig und er=
haben in der Sprache, aber nicht so ungezwungen und natürlich
wie Göthe. Seinen höheren Dichterwerth kann man leugnen,
nicht aber seine epochemachende Stellung in der Literaturge=
schichte als Begründer und Ahnherr der deutschen klassischen
Poesie.

Wie Idealismus und Realismus, stehen Klopstock und
Christoph Martin Wieland (aus Bi=
berach, 1733–1813) einander gegenüber. Im
scharfen Gegensatz zum ersteren, der voll der
höchsten christlichen Anschauungen und des wärmsten Na=
tionalgefühls war, stellt der letztere eine freie, gemüthliche

Wieland
1733–1813.

Lebensphilosophie, die französische Cultur der Sinnlichkeit,
in seinen Gedichten und Romanen dar. Wieland war, als
Sohn eines Predigers, auf der Schule zu Klosterbergen,
einem damals berüchtigten Pietistenneste, erzogen; daher kam
ein schwärmerischer Zug in seine jugendliche Seele, den die
später sich geltendmachenden Einwirkungen der Aufflärung
haben nie ganz vernichten können. 1750 bezog er die Uni=
versität Tübingen, wo er angeblich die Rechte, in Wahrheit
jedoch die schönen Wissenschaften studirte. Bis 1759 blieb er
dort und in der Schweiz, wo er mit Bodmer verkehrte. 1769
wurde er Professor der Philosophie und schönen Wissenschaf=
ten zu Erfurt; 1772 Hofrath und Prinzenerzieher in Weimar,
wo er starb.

Wieland besaß eine große Beweglichkeit und Reizbarkeit
des Geistes; es fehlte ihm aber an Tiefe des Gemüthes und
der Phantasie. Mehr als bei anderen Dichtern muß man
seine ganze Geistesentwickelung berücksichtigen und seine
Werke in ihrer Reihenfolge betrachten. In Deutschland
war große Empörung gegen die vermuthete, unsittliche Ten=
denz seiner Schriften, und Lavater erließ sogar mit anmaß=
endem Eifer eine Art Hirtenbrief, worin er alle Christen
aufforderte für Wieland zu beten; allein der letztere führte
ein viel sittlicheres Leben, als die Mitglieder des Göttinger
Hainbunds, der so stark gegen ihn auftrat. Er nahm sich
vor, wie in seinen Briefen erzählt wird, der erste Nachfolger

Spinoza's zu sein, d. h. mit dem Kopf ein Freidenker und im Herzen der tugendhafteste Mann; Sokrates galt ihm als das vollendete Ideal des Weisen. Klopstock's Messias betrachtete er zwar als ein außerordentliches Werk, bezeichnete es aber im Uebrigen als „ein bezauberndes Ungeheuer." Von Shake=speare, von dessen Werken er eine erste und in vielen Stellen noch unübertroffene Uebersetzung gab, spricht er immer mit Hingebung und Begeisterung. Sein bester Roman ist die Geschichte des Agathon (1773), eine vortreffliche Schilderung des griechischen Lebens in französischer Manier. Wieland ist von den Literarhistorikern zu tief herabgesetzt wor=den; in dem Spiegel seiner Schriften ist das 18. Jahrhun=dert reflectirt; deshalb verdient er sehr viel studirt zu werden. Das Meisterstück seiner Poesie ist das romantische Gedicht, Oberon (1780), welches sich einer sehr glänzenden Auf=nahme erfreute. Schulze, der Verfasser der bezauber=ten Rose, kann, in Beziehung auf Klarheit der Darstellung, Schmelz der Sprache und melodischen Fluß des Verses, als der dichterische Nachfolger und Erbe Wieland's betrachtet wer=den. Seine leichtfertige, anmuthige Prosa bildete der frivole, kunstsinnige Wilh. Heinse (aus Thüringen, 1749—1803) in dem Roman Ardinghello nach, wobei die Erzählung nur als Rahmen dient für lüsterne, lebenswarme Schilde=rungen der Sinnlichkeit und geistreiche Bemerkungen über Wissenschaft, Kunst und Politik, die aber ohne innern Zusam=

7

menhang mit der Handlung des Romans stehen. Seine Ge=
nußphilosophie zog C. Fr. Bahrdt (1741–1792) zur thie=
rischen Gemeinheit herab. Nach Hettner's Bemerkung gilt
von Wieland insbesondere, was Göthe von Sterne sagt, er
sei in Nichts ein Muster und in Allem ein Andeuter und
Erwecker.

Noch energischer als Klopstock und Wieland griff Gott=

Lessing (1729–
1781) und die
Kritik.

hold Ephraim Lessing (aus Kamenz
1729–1781) in seine Zeit ein. Sein Vater,
ein protestantischer Prediger, bestimmte ihn
zum Studium der Theologie. Nach einem fünfjährigen
Aufenthalt auf der Fürstenschule zu Meißen, wo er eine
gründliche Vorbildung erhielt, bezog er, 1746, die Uni=
versität Leipzig. Bald aber ward die Theologie ihm zuwi=
der; sein selbstständiger, aufstrebender Geist konnte keinen
Gefallen finden an dem hergebrachten Gange der gelehrten
Studien, und suchte anderweitige Nahrung. Er trieb Philo=
sophie, Alterthumskunde und schöne Literatur, lernte tanzen,
reiten und fechten, um sich körperlich und gesellig zu bilden,
hielt mehr auf Menschenkenntniß als auf Stubengelehrsamkeit,
besuchte fleißig das Theater und verkehrte gern mit Schau=
spielern, deren Umgang manche neue Ideen über Bühnenwesen
und dramatische Dichtkunst in ihm weckte. 1759 trat er in
Verbindung mit Mendelsohn und Nicolai und gründete in
Berlin die „Briefe die Neueste Literatur betreffend," die beste

unter den damaligen kritischen Zeitschriften. Bald sagte er
sich von dieser Unternehmung los und ging nach Breslau als
Secretär bei dem General Tauenzien, lebte später als Jour-
nalist und Dramaturg in Hamburg, war in vielen Städten
Deutschlands ansäßig und starb als Hofrath und Bibliothekar
in Wolfenbüttel.

Diese Unstätigkeit in Lessing's Leben ist für die deutsche
Literatur höchst segensreich gewesen, da alles davon abhing,
der Nationalbildung Einheit zu geben und dem geistigen Pro-
vinzialismus ein Ende zu machen. Vielseitige Gelehrsamkeit,
durchdringender Scharfsinn, unermüdlicher Forschungstrieb
und ernsthaftes, rastloses Ringen nach der Wahrheit sind die
Grundzüge seiner Natur. Für ihn gab es keine Autoritäten;
für seine klare, kräftige Kritik, keine Bestechung. Ueberhaupt
ist er der derbste, größte, mannhafteste Charakter, den die Literaturgeschichte aufzuweisen hat. „Er buhlte nie um die Gunst
der Hohen, trachtete nie nach Titeln und Würden, sein männ-
licher Stolz widerstrebte jeder Abhängigkeit und Unterordnung,
und das Gefühl seines wahren Werthes ließ ihn jeden Schein,
jede falsche Ehre verschmähen.“ In dialektischer Schärfe sind
die Hamburger Dramaturgie und seine theologischen und antiquarischen Streitschriften noch
nie übertroffen worden. Seine Virtuosität in Styl und Darstellung macht die trockensten Gegenstände reizend und pikant:
wir interessiren uns für Cardanus, Reuser und Lemnius, und

gewinnen rege Theilnahme an geschnittenen Steinen und ab=
gelebten Büchern und längst vergessenen Fabeltheorien.

Bei dem Kampf zwischen Gottsched und den Schweizern,
trat Lessing gegen Beider Ansichten auf, daß nämlich die
Poesie den Zweck habe zu lehren, und anderseits, daß sie eine
Art Malerei sei.   Im Laokoon zog er die Scheidelinie
zwischen den bildenden und den redenden Künsten, und stellte
die Schönheit als das höchste Gesetz der alten Kunst auf.
Er bewies, daß die Aufgabe der Poesie die Handlung, ihr
Wesen die Bewegung sei, während die Malerei und Sculptur
auf Ruhe begründet seien, und Handlungen nur andeutungs=
weise darstellen.   Um den Einfluß dieses Grundsatzes wahr=
zunehmen, vergleiche man den Messias von Klopstock und
Göthe's Hermann und Dorothea.   Ohne Lessing's Leben
und Wirken als Dichter und Kunstrichter in Betracht zu zie=
hen, wäre es unglaublich, daß zwischen Gottsched's sterbendem
Cato und Göthe's und Schiller's dramatischen Meisterwerken,
nur ein Menschenalter liegt.   Seine Hauptschöpfungen in der
Dramatik sind Minna von Barnhelm (1767), Emi=
lia Galotti (1772) und Nathan der Weise (1779).
Das letzte Stück, in dem er eine Höhe des philosophischen
Denkens erstieg und eine Toleranz entfaltete, die nur wenige
unter seinen Zeitgenossen begreifen konnten, ist die Frucht jener
durch die von ihm herausgegebenen Fragmente eines Unge=
nannten (Reimarus) hervorgerufenen theologischen Streitig=

keiten, die er mit den Orthodoxen hatte: wie Luther über die Tradition auf die Bibel zurückging, so er durch und über die Bibel auf das Wesen des Christenthums.

Die unmittelbare Veranlassung zu Lessing's Laokoon war die etwas wirre und wunderliche Schrift: „Gedanken über die Nachahmung der griechischen Werke in der Malerei und Bild= hauerkunst," von Joh. Joachim Winckel= mann (aus Stendal 1717–1768; zu Triest er= mordet). Er war der Sohn eines armen Schusters und wuchs in den dürftigsten Verhältnissen auf.

Winckelmann (1717–1768) u. die Kunst= archäologie.

Aber kein Hinderniß schreckte ihn zurück, seinen angeborenen Wissenstrieb zu befriedigen. Er verdiente sein Brod als Singschüler bei dem alten erblindeten Rector Toppert, dessen Bücher er fleißig benutzte. Im 21. Jahre begab er sich nach Halle, wo er sein Brodstudium, die Theologie, vernachlässigte und seinen Sinn ganz auf die Griechen richtete. Nach vielen, bitteren Erfahrungen als Hauslehrer, wobei er in der drückend= sten Armuth schmachtete, gelang es ihm endlich in Dresden, die Werke des Alterthums zu beschauen; später trat er zur katho= lischen Kirche über, um sich die Mittel zu einer Reise nach Rom zu erwerben, wo er zum Präsidenten der Gesellschaft der Alterthümer ernannt wurde und eine Reihe geistreicher Schriften verfaßte, die aber nur Vorstudien waren zu seiner großen Kunstgeschichte—einzelne Strahlen, die hier wie in ihrem gemeinsamen, glänzenden Brennpunkt zusammenlaufen.

Mehr als zwölf Jahre hatte Winckelmann in der erfolgreich=
sten Thätigkeit in verschiedenen Städten Italiens zugebracht,
als er sich entschloß die Heimath wieder zu besuchen. Aber
schon in Tyrol überfiel ihn die alte unüberwindliche Sehnsucht
nach Rom. Eilends kehrte er über Wien zurück; aber in
Triest fand er durch die Hand eines geldgierigen Bösewichts,
des Italieners Arcangeli, seinen Tod. Nicht nur in der
genialen Sehkraft, durch welche Winckelmann aus einem äußerst
geringen Vorrath antiker Denkmäler, eine so volle und herr=
liche Anschauung der alten Kunst gewann, sondern auch in der
durchaus neuen, eigenartigen und schwungvollen Sprache, mit
der er das Reich des Schönen schilderte, war er von großer
Bedeutung für die Kunst= sowie für die Literaturgeschichte.

Wie der Laokoon an Winckelmann, so knüpfte sich
Lessing's theologische Polemik an Hermann
Samuel Reimarus (aus Hamburg, 1694–
1768), der in Jena Theologie, Philosophie und
Philologie studirte und seit 1728 als Professor der orienta=
lischen Sprachen am Gymnasium seiner Vaterstadt thätig
war. Seine Kritik der Offenbarung und des Christenthums
ist niedergelegt in einer Reihe kühner Schriften, die Lessing
unter dem Titel der Wolfenbüttler Fragmente (1774–1778)
bekannt machte.

Um diese Zeit der Umwälzung in Wissenschaft, Kunst und
Religion, wurde auch das deutsche Schul= und Erziehungs=

H. S. Rei=
marus
1694–1768.

weſen von Grund aus umgeſtaltet. Den mäch=
tigſten Anſtoß dazu gab Joh. Bernhard
Baſedow (aus Hamburg 1723–1790), der
durch Rouſſeau's Emil angeregt, die Päda=
gogik von der Herrſchaft der Geiſtlichkeit und der Kirche
befreien, und auf die Einfachheit und Kraft des alten Natur=
zuſtandes zurückführen wollte. Unter dem Beiſtande des
trefflichen Fürſten Leopold Fr. Franz von Deſſau errichtete
er in dieſer Stadt eine Muſteranſtalt, welche zur Bezeichnung
ihrer menſchenfreundlichen Zwecke Philanthro=
pinum genannt wurde. Auf daſſelbe Ziel hin
wirkten auch Campe, Rochow, J. G. Schloſſer,
Engel, Peſtalozzi u. m. a. Auf dem Gebiete
der Politik war die Aufklärungsliteratur durch das berühmte
Buch „Der Herr und der Diener" von Fr. Karl
von Moſer (aus Stuttgart, 1723–1798) vertre=
ten. Moſer hat, als heſſiſcher Miniſter, auch ſeine
Ideen gewiſſenhaft zu verwirklichen geſucht. In
Oeſterreich übte Joſeph von Sonnenfels
(aus Mähren, 1733–1817) durch ſeine Vorle=
ſungen über die Staats=, Finanz= und Polizeiwiſſenſchaft an
der Wiener Univerſität, wie durch ſeine zahlreichen politiſchen
Schriften einen tiefen und reformatoriſchen Einfluß aus.
In der Schweiz ſchrieb Iſaak Iſelin (geb. zu Baſel
1728, geſt. daſelbſt 1782) „Philoſophiſche und patriotiſche

Baſedow (1723–1790) und das Er=ziehungs=weſen.

Philanthro=pina.

Peſtalozzi 1746–1827.

Moſer (1723–1798), Sonnenfels (1733–1817) und die Staatswiſ=ſenſchaft.

Träume eines Menschenfreundes" (Zürich 1759), worin
er die Grundzüge der modernen Repräsentativ=Demokra=
tie entwarf und Ideale als fromme Wünsche aufstellte, die
jetzt in seinem Vaterland von der Wirklichkeit weit übertroffen
sind.   Für die historischen Wissenschaften, und besonders für
die Behandlung der Nationalgeschichte, brach Ju=
stus Möser (aus Osnabrück, 1720–1794) eine
neue Bahn.   In seiner Osnabrück'schen Geschichte
sowohl, als in seinen populären Aufsätzen, zeigte er wie man,
ohne oberflächlich zu sein, für's Volk schreiben könne.   Göthe
hat ihn mit Franklin verglichen; richtiger aber vergleicht ihn
Nicolai mit Addison, dessen „Spectator" zum Muster des
Möser'schen Wochenblattes diente.   In dieser neuen Auffas=
sung der Geschichte fand Möser viele Nachfolger:
Joh. Christoph Gatterer (1727–1799),
Aug. Ludw. Schlözer (1735–1809), Ludw.
Tim. Spittler (1752–1810), alle drei thätig
als Professoren an der Universität Göttingen.   Noch größeres
Verdienst erwarben sich der Schweizer Joh. von
Müller (1752–1809) und der mit ihm in viel=
facher Berührung stehende und für Freiheit schwär=
mende Georg Forster (1754–1794); schon als
Knabe machte dieser mit seinem Vater die Cook'sche
Entdeckungsreise um die Welt, und als Mann schlug er die
ihm dargebotenen Lehrämter aus und stürzte sich in den Stru=

Marginal notes:

Geschichte.
Justus Möser
1720–1794.

Schlözer
1735–1809.

Spittler
1752–1810.

Joh. v.
Müller
1752–1809.

Georg Forster
1754–1794.

bei der französischen Revolution, in dem er gebrochenen Herzens umkam.

In demselben Zeitraum, in welchem durch Winckelmann und Lessing ein mächtiger Umschwung in deutscher Kunst und Dichtung hervorgebracht wurde, trat Immanuel Kant (1724–1804) in Königsberg auf, als der Schöpfer eines neuen philosophischen Systems, das anfangs wenig Anerkennung fand, bald aber eine gänzliche Umgestaltung aller Wissenschaften und Literaturzweige bewirkte. Seine drei Hauptwerke sind: **Kritik der reinen Vernunft** (1781), **Kritik der praktischen Vernunft** (1787) und **Kritik der Urtheilskraft** (1790), in welchen er die Möglichkeit, Bedingung und Grenze des menschlichen Erkenntnißvermögens bestimmte. Auf die Kantische Philosophie folgte zunächst **Joh. Gottlieb Fichte** (1762–1814), ein muthvoller, scharfsinniger Mann, der die Scheidung zwischen Denkendem und Gedachtem durchführte, den Despotismus des Ich aufstellte und endlich zu dem reinen Idealismus und der unbedingten Leugnung jeder Realität der Außenwelt überging. An diese Gegensätze knüpfte sein Jünger und Nachfolger in Jena, **Fr. Wilh. Jos. von Schelling** (aus dem Würtembergischen 1775–1854) seine Lehre von der Identität des Idealen und Realen, des Denkens und

Philosophie.
Kant 1724–1804.

Fichte 1762–1814.

Schelling 1775–1854.

7*

Seins, welche auf einer durch die sogenannte intellectuelle Anschauung bewerkstelligten Verbindung der Natur- und Transcendentalphilosophie beruht. An Schelling endlich lehnte sich sein Landsmann Georg W. Fr. Hegel (aus Stuttgart 1770–1831), der durch die Methode der Dialektik zu einer Entwickelung der Philosophie des Geistes gelangt. Eben so groß wie diese Umwälzungen in Kunst, Wissenschaft, Kritik, Pädagogik und Philosophie, war der Umschwung, den die Poesie erfuhr. Hier machte sich besonders geltend die vorherrschende Tendenz des Zeitalters, nämlich, die Rückkehr zur Natur und Einfachheit. Es ist die Periode der Originalgenies, die mit dämonischem Drange den Parnaß stürmen wollten.

Für die Literaturgeschichte Deutschlands war 1768, was 1789 für die politische Geschichte Frankreichs war. Ein Jahr vorher erschienen Gerstenberg's Briefe über Merkwürdigkeiten der Literatur und Herder's Fragmente, die sich an Lessing's Literaturbriefe anschlossen. Dann traten, 1768, die verschiedenartigsten Werke von Lessing, Winckelmann, Wieland, Bode (Uebersetzung des Yorick und Ossian), Gerstenberg (Ugolino), Lavater, Basedow und Anderen ans Licht. 1773 erfolgte ein ähnlicher poetischer Ausbruch durch Götz und Werther. Ueberall in Deutschland und der Schweiz, in Zürich, Düsseldorf, Königsberg und Weimar sprangen Führer der Revolution wie aus der Erde Schoos empor; um diese

Männer schlang Göthe eine Zeit lang ein Band der Freund=
schaft und gemeinsamen Strebens. Man streifte, sagt Weber,
alle bisher gültigen Gesetze und Kunstregeln ab, kehrte zur Ur=
dichtung einfacher Zeiten, zum Volkslied, zu Homer und Ossian
und zu dem reichen Shakespeare zurück und „suchte im Gebiete
der Dichtung und Kunst jene Gabe, die nicht nach Vorschrift
und Regel mühsame Werke baute, sondern auf einen Wurf
Schöpfungen hervorrief, die zugleich ihre Gesetze
in sich trugen." Die Losung dieser von Herder
bis Schiller dauernden Sturm= und Drangperiode
war Genialität und Originalität. Jede con=
ventionelle Schranke wurde durchbrochen, um den freien Flug
des Geistes und der Phantasie nicht zu hemmen.

Sturm= und Drang=Periode.

Diese Gährung ist als eine Krisis oder Krankheit anzu=
sehen, nach welcher die deutsche Dichtung auf eignen Füßen
stand und fremde Productionen richtiger schätzte. Sie begann
mit dem Auftreten von Joh. Gottfried von
Herder (aus Ostpreußen 1744–1803), der
durch persönlichen Verkehr mit Joh. Georg
Hamann (Königsberg 1730–1788) angeregt
war. Hamann war körperlich schwach und kränklich, finster
und hypochondrisch im Gemüth und vor der Zeit alt. Kraft=
und willenlos, und ohne bestimmten Lebensplan, versuchte er
sich in allen Wissenschaften, Theologie, Jurisprudenz, Sprach=
Cameral= und Handelswissenschaften, und leistete in keiner

Herder 1744–1803.

Hamann 1730–1788.

etwas Bedeutendes. Es lag in seinem Wesen, wie in seinen Schriften, etwas Schweres, und oft bis zur Unverständlichkeit Dunkles. Er war nach Jean Paul's treffendem Gleichniß, „ein tiefer Himmel voll teleskopischer Sterne und manche Nebelflecken löset kein Auge auf." Seine Bezeichnung als der Magus aus Norden ist daher für einen Geist sehr passend, der sich in sibyllinischen Sprüchen gefiel. Doch wirkten seine in mystischer Sprache verfaßten Werke befruchtend und belebend auf seine Zeitgenossen. Seine Leselust war unersättlich, aber die reiche Fundgrube seiner Kenntnisse zerstreute und zersplitterte sich in unzähligen Flugblättern und unwürdigen Kleinigkeiten und verlieh seinen Schriften einen verwirrten, springenden und wechselfieberhaften Charakter, den er selbst als „Heuschreckenstyl" bezeichnete. Es war dieser Mann, der den Samen streute, welcher in seinem Landsmann Herder aufgehen und die schönsten Blüthen treiben sollte. Herder's Vater war Schullehrer zu Morungen. Durch eine Augenkrankheit mit einem russischen Wundarzt bekannt geworden, war der Sohn im Begriff nach St. Petersburg zu gehen, um Chirurgie zu studiren; hielt sich aber 1762 in Königsberg auf, wo er sich der Theologie und unter Kant's Leitung auch der Philosophie befliß. Nachher ward er Lehrer in Riga und Reiseprediger des jungen Prinzen von Holstein-Eutin, mit dem er Deutschland und Frankreich bereiste, wo er in Straßburg mit Göthe in Verbindung trat. 1770 erlangte er die Stelle eines Hof-

predigers, und zuletzt die eines Superintendenten und Con=
sistorialraths bei dem Grafen Wilhelm von Bückeburg.
Fünf Jahre später erhielt er einen Ruf nach Göttingen, dem
er aber nicht Folge leistete; unmittelbar darauf ging er als
Hofprediger und Oberconsistorialrath nach Weimar; 1801
wurde er vom Kurfürsten von Baiern in den Adelstand erho=
ben. Herder war ein großer, vielseitiger Genius, gleich geist=
reich und schöpferisch als Theolog, Philosoph und Kritiker.
Neben seinen Fachstudien waren die Geschichte und Literatur
der verschiedensten Völker seine liebsten Beschäftigungen:
Araber, Perser, Ebräer, Inder, Malaien, Chinesen, selbst die
Stämme der wilden Rothhäute wollte er nach ihrer Sprache,
Sitte und Poesie kennen lernen und zugleich Andere kennen
lehren. Zu dieser Forschung und Combination war er in
seltener Weise ausgerüstet mit dem sicheren Tacte für das
Echte und Unechte, sowie dem feinen, vorurtheilsfreien Ge=
schmack, der die allgemeine Poesie und Sprache der menschlichen
Natur zu erkennen vermochte. Seine Hauptwerke sind:
Stimmen der Völker in Liedern, Vom Geiste
der Ebräischen Poesie, Ursprung der Sprache,
Aelteste Urkunde des Menschengeschlechts,
Ideen zur Philosophie der Geschichte der
Menschheit.

Herder's Ziel war Universalismus und Menschenbildung.
Sein Nachlaß in drei Bänden ist höchst wichtig für diese

Periode. Sein Styl ist nicht so ruhig wie Lessing's, sondern hat mehr von der Schlaglichterweise Hamann's. Die Haupt-

Die Origi-
nalgenies.
sächlichsten der Originalgenies aus dem Göthe'schen Kreise waren Merck, Lenz, Klinger, Jung, Fr.
Merck
1742–1791.
Müller, Schubart. Joh. Heinr. Merck (Darmstadt 1742–1791), als urtheilsvoller Freund Göthe's bekannt, (auf den er mehr Einfluß hatte als je ein Mensch vor- oder nachher), lieferte aus seinem Charakter viele Züge zum Mephistopheles. Er stand mit den größten Zeit-genossen in vertraulichem und anregendem Verkehr, hatte be-lebende Einwirkung auf verschiedene Zeitschriften (Wieland's Mercur, Nicolai's Allg. deutsche Bibliothek, Frankfurter Ge-lehrte Anzeigen, ꝛc.), zeigte sich in allen seinen Recensionen als einen Kritiker von feinem, gebildetem Geschmack, trieb paläontologische Studien, widmete sich allerlei industriellen Unternehmungen, mit denen er aber wenig Glück hatte, so daß er endlich voll Sorge wegen seiner schweren Verluste seinem Leben durch einen Pistolenschuß ein Ende machte. „Es waren genug Berührungspunkte zwischen ihm und Göthe und genug Grundverschiedenheiten, um den Verkehr stets frisch und fruchtbar zu erhalten." Ihre Ver-hältnisse blieben um so ungenirter und dauernder, da dabei an keine Nebenbuhlerschaft zu denken war. Vgl. G. H. Merck, Ein Denkmal. Eine Auswahl seiner Werke herausg. von Adolf Stahr.

In dieser Sturm= und Drang=Periode ging auch Joh. Michael Reinhold Lenz (Seßwegen in Liefland 1750 –1792) unter. Er studirte Theologie zu Königs=berg, begleitete einen jungen Edelmann nach Straß=burg, wo er Göthe kennen lernte, dem er nachher

Lenz 1750–1792.

(1776) unberufen nach Weimar folgte, führte dort ein albernes Leben, machte, wie Wieland sagte, alle Tage regel=mäßig seinen dummen Streich und wunderte sich dann darüber wie eine Gans, wenn sie ein Ei gelegt hat. Er schrieb Pas=quille auf die Herzogin Amalie und andere vornehme Perso=nen und mußte sich deshalb vom Hofe entfernen; darauf kehrte er nach Elsaß zurück, wollte sich mit Göthe's Friederike vermählen, verfiel in Wahnsinn und starb endlich zu Moskau in der größten Armuth. „Ihm,“ sagt Göthe, „konnte nicht wohl werden, als wann er sich grenzenlos im Einzelnen ver=floß und sich an einem unendlichen Faden ohne Absicht hin=spann.“ (Vgl. auch „Der Dichter Lenz und Friederike von Sesenheim“ von Aug. Stöber.)

Der beste Repräsentant dieser kraftgenialischen Zeit ist Fr. Maximilian von Klinger (Frank=furt 1752–1831), nach dessen Schauspiel „Sturm

Klinger 1752–1831.

und Drang“ (1776) diese ganze Periode genannt wurde. Sehr früh verlor er seinen Vater und wurde als Freischüler an das Gymnasium gebracht. Er lernte äußerst rasch und war bald im Stande durch Privatunterricht seiner

Mutter zu Hülfe zu kommen und selber die Universität Gießen
beziehen zu können, wo er die Rechte studirte. 1776 machte
er Göthe's Bekanntschaft und erwarb sich einen Namen durch
das Trauerspiel „Die Zwillinge," sein berühmtestes Stück.
Zu dieser Zeit nennt ihn Göthe „einen Splitter im Fleisch,
der schwürt und sich herausschwüren wird." Er studirte auch
die Artilleriewissenschaft, um für die Freiheit in Amerika
kämpfen zu können; konnte aber diesen Plan nicht ausführen,
und dichtete zum Ersatz Mordspiele. Später trat er in
österreichische, dann in russische Militärdienste, reiste mit dem
Großfürsten Paul nach Italien und Frankreich, verheirathete
sich mit einer natürlichen Tochter der Kaiserin Katherina und
wurde 1796 Generalmajor. 1811 ernannte ihn der Kaiser
Alexander zum Generallieutenant. Klinger's Bedeutung für
die Literatur lag vorwiegend in seinen dramatischen Producten.
Hier, wie in seinen weniger wichtigen Romanen,* bemerkt
man den ewigen Gegensatz zwischen Ideal und Welt, Herz
und Verstand, Enthusiasmus und Kälte, Freiheit und Con=
venienz, Tugend und Laster, Engel und Teufel, Natur und
Cultur. Diese wilden Erzeugnisse stellte er nicht als Ideale

---

* Doch sind auch seine Romane: „Plimplamplasko" (1780),
„Geschichte vom goldenen Hahn" (1785), „Sahir, Evas
Erstgeborener im Paradiese" (1798), „Reisen vor der
Sündfluth" (1795), u. a. m., sehr beachtenswerth, sowohl in Bezug
auf die Tiefe ihres Inhalts, als rücksichtlich ihrer Form.

auf, sondern als nothwendige Verzerrungen; betrachtete sie
als eine Art Gährung, welche die Nation durchzumachen habe,
um zur Reife zu gelangen. „Warum, fragte er, soll unser
Theater auf französische Form gemodelt seyn, da wir Deutsche
sind, und der Galanteriekram, wovon Racinens Helden
strotzen, unserm Charakter so fremde ist? Warum auf englische, da wir so fern von der sprudelnden Laune dieser Insu-
laner sind?“ Ihm gilt die einfachste Form für die beste;
Leben, Handlung und That für mehr als schallende Declama-
tion. Ein solches Stück sei nun freilich schwerer zu schreiben,
als zehn wilde Phantasien. Im Roman schloß sich Klinger
noch ziemlich fest an Wieland. Es gibt noch keine genügende
Biographie dieses tüchtigen, trotzigen Mannes. Eine kurze
Skizze seines Lebens und seiner Entwickelung steht in Göthe's
Wahrheit und Dichtung (Buch XIV.).

Der bedeutendste Zeit- und Gesinnungsgenosse Klinger's
war Friedrich Müller (Kreuznach) 1750–
1825), der unter dem von seinem Berufe herrührenden Beinamen Maler Müller besser be-
kannt ist. 1778 verschaffte ihm Göthe die Mittel zur Reise
nach Italien, wo er während einer Krankheit katholisch wurde.
In Rom malte er große Historienbilder und dichtete seine
besten Werke. Darunter gehört seine Genoveva, die durch
die Wahl eines mittelalterlichen Novellenstoffes schon auf die
Romantiker hindeutet. Seine Idyllen und kleinen Sachen

Maler
Müller
1750–1825.

sind ihm am besten gelungen. Wie Klinger versuchte er sich
auch an Faust.

Unter den Stürmern und Drängern nahm auch Joh.
Casp. Lavater (Zürich 1741—1801) eine Zwi=
schenstellung zwischen Klopstock und dem Göthe'=
schen Kreise ein. Er gehört eigentlich mehr der
Culturgeschichte, als der Geschichte der Dichtung an. Seine
lyrischen, christlichen Poesien sind meistens nur Nachklänge
von Klopstock; in seinen magnetischen, mystischen, physiogno=
mischen Bestrebungen bildet er den Uebergang einerseits zu
der stürmischen Geniezeit und andererseits sogar zu der trüge=
rischen Schwindelei der Magier Cagliostro, St. Germain,
Kaufmann, u. A. Gegen ihn trat der Göttinger Mathema=
tiker und Physiker Georg Christoph Lich=
tenberg (geb. bei Darmstadt 1742; starb
1799) auf, und schrieb ein berühmtes Werk,
„Ueber Physiognomik, wider die Physiognomen, zur Beför=
derung der Menschenkenntniß und der Menschenliebe" (1778).
Auch verspottete er Lavater's Grundsätze und besonders seine
Proselytenmacherei in einem unter dem Pseudonamen „Con=
rad Photorin" herausgegebenen Buche: „Timorus, das ist
Vertheidigung zweier Israeliten, die durch die Kräftigkeit der
Lavaterschen Beweisgründe und der Göttinger Mettwürste
bewogen, den wahren Glauben angenommen" (Berlin, 1773).
Lichtenberg war körperlich verwachsen und konnte daher an

(Marginalien:)
Lavater
1741-1801.

Lichtenberg
1742-1799.

dem Princip, daß in einem schönen Leib auch eine schöne Seele nothwendig wohne und umgekehrt, keinen so großen Gefallen finden wie der schön und stattlich gebaute Lavater. Ueberhaupt bildete die ganz mathematische und pragmatische Geistesrichtung Lichtenberg's den grellsten Gegensatz gegen die schwärmerische Natur Lavater's.

Von gleicher Richtung wie Lavater und mit ihm geistig verwandt war Joh. Heinr. Jung, genannt Stilling (aus dem Nassauischen 1740-1817).

Jung Stilling 1740–1817.

Er sollte Kohlenbrenner werden, ergriff aber das Schneidergewerbe und bildete sich allmählig unter dem Druck der Armuth zum Schullehrer aus; in der Folge studirte er zu Straßburg, wo er mit Göthe und Herder in Verbindung kam, wurde Wundarzt und erhob sich endlich zum Professor der Cameral- und Staatswissenschaft in Marburg und Heidelberg, wo er starb. Seine Romane (Herr von Morgenthau; Florentin von Fahlendorn; Theodore von der Linden; Theobald u. a.) sind alle religiösen Inhalts und nicht ohne Poesie und tiefes Gefühl; aber man liest ihre süßen Schwärmereien nicht mehr. Seine in Romanform bearbeite Selbstbiographie (Heinrich Stilling's Jugend, Jünglingsjahre und Wanderschaft. 3 Bände, 1777-8) wird man nicht sobald in Vergessenheit gerathen lassen. Die Schrift zeichnet sich aus durch eine Einfachheit der Darstellung, eine Wahrheit und Tiefe der Empfindung und eine meisterhafte Charakterschilde-

rung, welche sie noch lange zum Lieblingsbuch aller frommen
Seelen machen werden. Ein vierter Theil der „Heinrich
Stilling's häusliches Leben" (1789) beschreibt, und ein fünfter
in 1804 erschienener Theil, „Heinrich Stilling's Lehrjahre"
genannt, der sein Leben in Marburg erzählt, sind weniger
interessant, als die drei ersten Theile.

Als ein Zwitterwesen: halb Klopstock halb Wieland, kann
man Christian Friedr. Dan. Schubart
(Obersontheim in Schwaben, 1743–1791) ansehen, der in Erlangen Theologie studirte, später
Schullehrer und Organist in Ludwigsburg wurde, wo er ein
rohes, wüstes Leben führte und mit seinem Freund und
Landsmann Weckherlin, der eine kecke Zeitschrift, „das graue
Ungeheuer," redigirte, seiner religiösen Aufklärung und seinem
Tyrannenhaß Luft machte. Dafür ließ ihn der Herzog Karl
von Würtemberg nach der Festung Hohenasperg bringen, wo
er seine freien Gesinnungen mit zehnjähriger Gefangenschaft
büßte. Schubart's Gedichte haben an sich einen sehr geringen
Werth, und zeigen ein sonderbares Gemisch von Bildung und
Halbbildung. Ohne das furchtbare Schicksal, das ihn zum
Opfer der Willkür machte, wären sie ganz in Vergessenheit
gerathen. Seine Hauptbedeutung liegt in dem Einfluß, den
er auf die Jugend Schiller's ausübte.

Nicht so stürmisch, aber viel schwärmerischer, als die süddeutschen Dichter war der Göttinger Hainbund. (Vergl.

Schubart
1743–1791.

Prutz's ſchöne Abhandlung, „Der Göttinger Dich= Der Göttinger
terbund." Leipzig, 1841.) Dieſer Bund der Hainbund.
Freundſchaft, Dichtung und Tugend ging aus dem ver=
traulichen Verkehr einer Anzahl ſtrebſamer Jünglinge her=
vor, die in Göttingen ſtudirten und deren verſchiedenartige
Naturanlagen und Charaktere einen Vereinigungspunkt in
der Verehrung für Klopſtock fanden. Dazu kam der Ein=
fluß der von Boje und Gotter (1770) gegründeten Zeitſchrift,
„Almanach der deutſchen Muſen," ſowie die Anregung einer
Univerſität, in deren Bibliothek die engliſche Literatur zahlreich
vertreten war, und die außerordentliche Begeiſterung, welche
Heyſe's Vorleſungen über Homer in allen Bildungskreiſen
erweckten. Die eigentliche Seele des Bundes war Joh.
Heinr. Voß (aus Sommersdorf in Mecklen= Voß
burg, 1751–1826), Sohn eines ſehr kümmerlich 1751–1826.
lebenden Schullehrers. Als Hauslehrer ſuchte
der junge Voß ſich die Mittel zu erwerben, die Univerſität zu
beziehen. Durch Gedichte, die er für den Göttinger Muſen=
almanach ſchrieb, kam er in Briefwechſel mit Boje, der ihn
1772 nach Göttingen zog und dort in jeder Weiſe zu fördern
wußte. Er ſtudirte Philologie, überſetzte aus alten und
neuern Sprachen und gab Privatſtunden; ſpäter übernahm er
die Redaction des Almanachs (mit 400 Thaler Gehalt) und
verheirathete ſich mit Erneſtine Boje, der Schweſter ſeines
Gönners. 1778 wurde er Rector in Otterndorf, und 1782

auf Stolberg's Betrieb, in Eutin. Vier Jahre nachher
erhielt er den Titel eines Hofraths. 1802 wandte er sich
nach Jena, wo Göthe ihn vergebens zu halten suchte. 1802
folgte er einem Ruf nach Heidelberg, mit einer Pension von
1000 Gulden. Dort lebte er in sehr angenehmen Verhält=
nissen und unausgesetzter Thätigkeit bis zu seinem Tode.

Vossen's Verdeutschung des Homer ist trotz mancherlei
Mängel und Fehler, ein würdiges Denkmal deutschen Fleißes
und ein für die deutsche Uebersetzungskunst epochemachendes
Werk. Aber seine Hauptbedeutung für die Literatur liegt in
seinen Idyllen, namentlich in der „Luise," einem ländlichen
Gedichte, welches zu dem dreizehn Jahre später erschienenen
bürgerlichen Epos, „Hermann und Dorothea," den ersten
Anstoß gab. Besonders hervorzuheben sind seine treuen und
anmuthigen Schilderungen des stillen, gemüthlichen Familien=
lebens, worin er das Gemeine vermeidet, ohne sich in die
schalen, arkadischen Träumereien und unnatürliche, elegante
Hirtenwelt Geßner's zu verirren. Von den kleineren Stücken
ist „Der siebzigste Geburtstag" (1780 an Bodmer gerichtet)
das beste. Die „Luise" ist schön naiv, und wahr; hat aber zu
wenig Handlung. Seine Lieder beziehen sich auch meistens
auf das heitere, gesellige, ländliche Leben; doch fühlt man
dabei den Mangel an schöpferischer Kraft der Phantasie.
Die Oden sind den Liedern vorzuziehen.

Voß war eine tüchtige, derbe Natur und schonte seinen

beſten Freund nicht, wenn er eine ihm höher geltende Wahr=
heit glaubte verfechten zu müſſen. Dieſe verehrungs= aber
nicht liebenswürdige Eigenſchaft ſpiegelt ſich ſehr deutlich ab
in ſeinem Verhältniß zu Fr. Leopold Stolberg, als der letztere
zur katholiſchen Kirche übertrat. Er brach mit dem Jugend=
freund und ſchleuderte ſogar öffentlich gegen ihn ein ſcharfes
Abſchiedswort in ſeinem Büchlein: „Wie ward Fritz Stolberg
ein Unfreier?" Voß war, im Ganzen, eine geſunde, redliche,
doch ziemlich beſchränkte niederſächſiſche Natur, der roman=
tiſchen Schule entſchieden feindſelig und bei weitem nicht ſo
ſchwärmeriſch wie die übrigen Mitglieder des Bundes; ſpäter
gewann bei ihm der Rationalismus die Oberhand. Eine
Hauptquelle für die Geſchichte des Göttinger Dichterbunds
ſind „Briefe von Joh. Heinr. Voß nebſt erläuternden Bei=
lagen, herausg. von Abraham Voß." 3 Bände. Halberſtadt
1829–33. Die darin enthaltenen Aufſätze von ſeiner edlen
Frau Erneſtine ſind mit kunſtloſer Anmuth und rührender,
idylliſcher Schönheit geſchrieben.

Goedeke gibt die folgende, den oben erwähnten Briefen ent=
lehnte Erzählung von der Stiftung des Bundes, welche von der
damals herrſchenden Schwärmerei ein treffliches Bild liefert.
Freitag, den 12. Sept. 1772 gingen Miller, Hölty, Voß und
noch einige Studirende von Göttingen nach dem naheliegenden
Dorfe Wehnde. Der Abend war außerordentlich heiter und
der Mond voll. Sie überließen ſich ganz den Empfindungen

der schönen Natur, aßen in einer Bauernhütte eine Schaale
Milch und begaben sich darauf ins freie Feld.   Hier fanden
sie einen kleinen Eichengrund, und sogleich fiel ihnen allen ein,
den Bund der Freundschaft unter diesen heiligen Bäumen zu
schwören.   Sie umkränzten die Hüte mit Eichenlaub, legten
sie unter den Baum, faßten sich alle bei den Händen, tanzten
so um den eingeschlossenen Baum herum, riefen den Mond
und die Sterne zu Zeugen ihres Bundes an und versprachen
sich eine ewige Freundschaft.   Von jetzt an kamen diese
Jünglinge in Göttingen alle Sonnabend um vier Uhr bei
einem zusammen; Klopstock's Oden und Ramler's lyrische
Gedichte und ein in schwarz=vergoldetes Leder gebundenes
Buch mit weißem Papier in Briefformat lagen auf dem
Tische.   Man las eine Ode aus Klopstock oder Ramler vor
und urtheilte über die Schönheiten und Wendungen derselben.
Dann wurde Kaffee getrunken und dabei, was man die Woche
gedichtet, hergelesen und besprochen.   In das schwarze Buch
sollten die vorläufig gebilligten Gedichte eingetragen werden.
Aber es kam sehr selten etwas hinein und das Buch, das Klop=
stock bevorworten sollte, ist niemals erschienen.   Um 1779
etwa war der Bund schon gesprengt.   Die Hauptbedeutung
desselben bestand in der Einwirkung des Musenalmanachs auf
die Literatur; im übrigen war das Treiben dieser Gemein=
schaft eine jugendliche Spielerei.

Gottfried Aug. Bürger (aus dem Halberstädtischen

1748–1794) gehörte eigentlich dem Bunde nicht zu, stand aber in intimen Beziehungen mit dem= selben. Er war Sohn eines Predigers; kam 1762 auf das Pädagogium und 1764 auf die Universität zu Halle, um nach dem Wunsche seines Großvaters, aber gegen eigne Neigung, die Theologie zu studiren. 1768 bezog er die Uni= versität Göttingen, wo er sich der Rechte befliß und ein wüstes, unsittliches Leben führte. Seine hochbegabte Dichternatur ging durch gedrückte Verhältnisse, Nahrungssorgen und noch mehr durch wildes, leidenschaftliches Treiben und unglückliche Ehebündnisse rasch und unaufhaltsam zu Grunde. Seine Balladen (Leonore, der wilde Jäger, die Entführung u. s. w.) nach schottischen Vorbildern verfaßt und zum Theil deutschen Sagen entlehnt, sind an dramatischer Lebendigkeit, Klang und Wohllaut und echter Volksmäßigkeit des Ausdrucks selten über= troffen worden; „das Lied vom braven Mann," „des Pfar= rers Tochter von Taubenheim," „Robert," „das Lied von der Treue," „der Kaiser und der Abt," sind noch populärer und bekannter, als die meisten neuern Gedichte. (Vgl. H. Döring, „Bürgers Leben," Berlin 1826 und Göttingen 1848; H. Pröhle, „G. A. Bürger. Sein Leben und seine Dichtungen," Leipzig, 1856.)

Bürger besaß eine liebenswürdige Bescheidenheit und Gut= herzigkeit; hatte auch die Sprache und Verskunst in seiner Gewalt wie wenige andere Dichter; konnte aber seine Ge=

Bürger
1748–1794.

8

fühle nicht immer zum Ausdruck bringen, wie Göthe in seinen
lyrischen Gedichten. Seine scheinbar vom Naturgenie hinge=
worfenen Stücke waren in der That mit der größten Beson=
nenheit und sogar mit der Feile der Kritik sorgfältig gearbeitet.
Zuerst hatte er eine ganz falsche Ansicht der Ballade, die
von Gleim herrührte, der die spanischen Balladen nachahmte
(Vgl. Prutz S. 220); später hat er sie besser gedichtet,
indem er die englischen Balladen von Percy zum Muster
nahm. In der „Leonore" hat er den Ton dieser Dich=
tungsgattung am besten getroffen. Vgl. William und
Margaret Percy im dritten Band, wo ein ähnlicher Stoff
sich findet.

Christian
Stolberg
1748–1821.

Fr. Leop.
Stolberg
1750–1819.

Von den Gebrüdern Grafen Stolberg war der
jüngere Fr. Leopold (Bramstedt 1750–1819)
der bedeutendste. Er stand in schroffem Gegensatze
zu Voß, der in der Jugend sein inniger Freund, im
Alter sein bitterer Feind war. Nach zurückgeleg=
ten Studien zu Göttingen, bekleidete er mehrere diplomatische
Aemter und wurde 1789 dänischer Gesandter in Berlin.
1800 trat er zur römischen Kirche über. Er war in der
Geniezeit ein phantasiereicher Schwärmer und ein äußerst
heißblütiger Thrannenhasser. „Der Freiheitsgesang im 20.
Jahrhundert," und „Die Westhunnen" zeigen die Gegensätze
seiner Natur. (Vgl. Gervinus.) Das letztere Gedicht (1794)
ist gegen die französische Revolution gerichtet; es war eine

Aeußerung jenes Widerwillens gegen die religiöse Freigeisterei und den demokratischen Freiheitsschwindel, wodurch er endlich zum Katholicismus und zur seichten, süßen Frömmelei getrieben wurde.

Einer der vorzüglichsten Dichter dieses Kreises war der frühverstorbene **Ludwig Heinrich Christoph Hölty** (Mariensee bei Hannover 1748– 1776), Sohn eines Predigers, der ihm den ersten Unterricht gab. Nach vierjährigen Studien auf der Schule zu Celle, kam er 1769 nach Göttingen, um sich der Theologie zu widmen. Er besaß ein weiches, elegisches Gemüth; wahre Empfindung und Liebe für Natur und ländliche Einsamkeit; ein Gemüth, in dem sich Lebensmuth und Todesahnung verschmolzen. „Melancholische Freude über die Blüthen des Mais, den Schlag der Nachtigall, den Duft mondheller Abende, sanfte Trauer über die kurze Dauer aller Freuden" bilden den Grundcharakter aller seiner Poesie. Die Form seiner Gedichte ist sehr vollendet für die damalige Zeit; eins der bekanntesten ist „der alte Landmann an seinen Sohn: Ueb' immer Treu' und Redlichkeit."

Hölty 1748–1776.

Im Lied gleicht ihm Joh. **Martin Miller** (Ulm 1750–1814) auch der Sohn eines Predigers; 1770 begab er sich nach Göttingen, um Theologie zu studiren, und ward durch Boje in den Bund geführt. Später wirkte er als Professor am Ulmer Gymna-

Miller 1750–1814.

fium und Prediger am dortigen Münster. Mehrere seiner
Lieder wie „Das ganze Dorf versammelt sich," „Was frag'
ich viel nach Geld und Gut" bleiben noch frisch im Volksge=
dächtniß. Der berühmteste seiner Romane ist „Siegwart,
eine Klostergeschichte." Das Werk lehnt sich an Göthe's
Werther an; es herrscht darin eine sehr weinerliche Empfind=
samkeit. Ueber das Buch sind viele Taschentücher naß ge=
weint worden, was übrigens den Töchtern der Apotheker und
Bauern nicht viel geschadet hat.

Eng befreundet mit dem Bund, aber ihm nicht eigentlich zu=
gehörend war Matthias Claudius (Reinfeld
**Claudius
1740–1815.** im Holstein'schen 1740–1815), der ein entschie=
denes Talent als Volksdichter besaß. Es herrscht
in den meisten seiner Lieder eine aus Ossian und Yorick ge=
schöpfte, melancholisch=sanfte Laune, sowie eine unnatürliche,
gesuchte, volksthümliche Färbung, die endlich zur förmlichen
Manier wurde; noch mehr ist dies der Fall in seinen prosai=
schen Darstellungen. Bis zum heutigen Tage leben im
Munde des Volkes seine „Reise Urians;" „Bekränzt mit
Laub;" „Warum sind der Thränen;" „Der Mond ist auf=
gegangen;" 2c. Im Süden ward die Volkspoesie durch den
Oberländer Joh. Peter Hebel (Basel 1760–
**Hebel
1760–1828.** 1828) in seinen ausgezeichneten allemanischen
**Usteri
1765–1827.** Gedichten, und auch durch den Schweizer
Martin Usteri (1765–1827) vertreten. Der

erste bildete sich an Voß, ist aber an volksthümlichem Humor
und poetischer Auffassung seinem Vorgänger weit voraus.
Vom letzteren rührt das bekannte Lied her : „Freuet Euch des
Lebens."

Aus dieser Gährung in Kunst und Politik wuchsen die beiden deutschen Dichterheroen : Göthe und Schiller heraus.
Das Schicksal hatte sie in den Jugendjahren in ziemlich weit
auseinanderliegenden Gegenden sich entwickeln lassen, und als
ihre Bahnen sich näherten, traten die beiden zuerst fast feind-
selig einander gegenüber. Sie waren sich gegenseitig, wie
Schiller selber gesteht, einander im Wege. Endlich verbanden
sich diese „Geistesantipoden" zu gemeinsamer Thätigkeit und
schufen in gegenseitig geförderter Bildung, ohne sich selbst
ungetreu zu werden, neue Werke, die als die vollkommensten
Erzeugnisse des deutschen Genius bisher unverdrängt und un-
übertroffen geblieben sind.

Johann Wolfgang von Göthe (Frankfurt 1749–1832) war der einzige Sohn und das
älteste Kind eines kaiserlichen Raths. Seine Jugend verfloß im väterlichen Hause ; er ging in keine Schule
und wurde durch Privatunterricht und die kunstliebenden Eltern mehr angeregt als ausgebildet. Frühzeitig wurde er
durch den Wohlstand seiner Eltern in die inneren Lebenskreise
der Gesellschaft eingeweiht und mit den sittlichen Zuständen
einer großen Stadt vertraut, mehr zum Vortheil seiner Welt-

Göthe
1749-1832.

kenntniß, als seiner Unschuld. Die Beobachtungen und schau=
derhaften Erfahrungen, die er in verderbten bürgerlichen Fami=
lien machte, spiegeln sich in den Lustspielen „Die Laune des
Verliebten" und „Die Mitschuldigen" ab, die das Sittenver=
derbniß im Familienleben zum Gegenstand haben. Die ganze
Poesie Göthes hat diesen realistischen Grund. Seine Dich=
tungen sind alle Bruchstücke seines Lebens. 1765 bezog er die
Universität Leipzig, wo er, dem Wunsche des Vaters gemäß,
die Rechte studiren sollte. Hier kam er in Verbindung mit
Gellert, Böhme und den Verfassern der Bremer Beiträge,
fühlte sich aber von ihrer niedern Anschauung und ihrem leeren,
unzulänglichen Treiben fast eben so sehr abgestoßen, wie von
der flachen, pedantischen Trockenheit der juristischen Vorträge,
welche er doch einige Zeit gewissenhaft besuchte. Zum Ersatz
trieb er Kunst, und ließ sich durch den jungen Breitkopf in die
Musik, durch den älteren Oeser in die Zeichenkunst einführen;
auch suchte er in lustigen Gesellschaften Zerstreuung und
Lebenskenntniß. Alles aber, was ihm begegnete, äußerliche
Erlebnisse wie Seelenerfahrungen, wußte er mit glücklichem
Griffe zu erfassen und in Poesie zu verwandeln; jede Person
seiner Bekanntschaft wurde gelegentlich seinen Dramen einver=
leibt; Kupferstiche, schöne Gegenden, Lust und Leid, alles
regte das dichterische Genie in ihm an. Lessing's Auftreten
gegen die Autorität der Franzosen in der Dramaturgie machte
auf ihn den nachhaltigsten Eindruck, so wie die neue Welt, die

Winckelmann in der idealen Auffaſſung der alten Kunſt eben aufgeſchloſſen hatte. 1769 trieb ihn eine Krankheit in das väterliche Haus zurück, wo er die ſtille, fromme Herrnhuterin, Fräulein von Klettenberg, kennen lernte und durch ſie auf das Studium myſtiſcher, alchemiſtiſcher Schriften geführt wurde.

Nach ſeiner Wiederherſtellung begab er ſich 1770 nach Straßburg, um ſich der Jurisprudenz zu widmen und zur Promotion vorzubereiten. Hier machte er Herder's Bekanntſchaft, deſſen Einfluß auf den jungen Studirenden zündend und in ſeinen Folgen faſt unberechenbar war. Auch Leſſing's Laokoon öffnete ſeinem Geiſte einen weiteren Horizont und gab ihm klarere Einſicht in das Weſen der Kunſt. Aus dieſer Zeit, wo er in die Sturm= und Drangbewegung hineingezogen wurde, ſtammen einige lyriſche Gedichte, denen ſein Liebesver= hältniß zu Friederiken einen ſeelenvollen, empfindungsreichen Ton einhauchte. Von großen Entwürfen gehört nur das dramatiſche Gemälde G ö tz v o n B e r l i ch i n = g e n dieſer Periode an. Das Stück iſt ausge= zeichnet durch raſche, energiſche Handlung und die plaſtiſche Schilderung der weiblichen Charaktere. Er führte die Shake= ſpeare'ſche Freiheit ein im Gegenſatz zu den Franzoſen; Wie= land nannte es „das ſchönſte, bezauberndſte Ungeheuer." In demſelben Jahre (1773) fallen die erſten Scenen des Fauſt, der zur Aufgabe ſeines Lebens ward. Noch mächtiger wirkte

Götz 1773.

durch ganz Deutschland der poetische, in Briefen verfaßte

Werther
1774.
Roman **Werther** (1774), die Geschichte eines jungen Menschen, der (wie er selbst an Schönborn schrieb) mit einer tiefen, reinen Empfindung und wahrer Penetration begabt, sich in schwärmende Träume ver= liert, sich durch Speculation untergräbt, bis er zuletzt durch dazu tretende unglückliche Leidenschaften, besonders eine endlose Liebe zerrüttet, sich eine Kugel vor den Kopf schießt. Göthe's Liebe zu Lotte, der mit Kästner verlobten Tochter des Amt= manns Buff, war die nächste Veranlassung zu diesem Werk. Die andre, tragische Hälfte desselben beruht auf einer ähn= lichen Neigung des jungen Jerusalem zu der Frau des pfälzi= schen Secretärs Herdt ; da seine Liebe nicht erwiedert wurde, erschoß er sich mit einer Pistole. Aus diesem Jerusalem und sich selbst schuf Göthe den Werther. Das Buch schildert die damals herrschende Sentimentalität. „An dieser Krank= heit litt mit seiner Zeit auch Göthe, aber seine kräftige, ge= sunde Natur wurde derselben bald Herr, und die Frucht dieser Ueberwindung ist Werther : mit der Vollendung des Buches, erzählt er selbst, war er die empfindsame Stimmung los." Alle die Gemüthszustände, die er schildert, hat der Dichter selbst durchlebt, bis nahe an die äußerste Grenze derselben. „Die Leiden des jungen Werthers" fiel wie ein Funke zündend in die Gemüther der Jugend und brachte ungeheure, uns jetzt durchaus unbegreifliche Wirkungen hervor. Die bänderreiche

Wertherliteratur der unmittelbar nachfolgenden Zeit legt Zeugniß von diesem verstimmten Gefühl ab. Der hannoverische Leibarzt Zimmermann sagt in seinen Briefen, er wäre von dem ersten Theile des Buches so ergriffen, daß er einer Erholung von vierzehn Tagen bedürfte, bevor er sich an den zweiten Theil wagen könnte. 1774 erschien die Farce „Götter, Helden und Wieland," ein Meisterstück von Persiflage und sophistischem Witze, worin er, durch eine ungünstige Kritik des „Götz" in Wieland's Mercur gereizt, des armen Dichters matte und wässerige Darstellung des hellenischen Wesens verspottete. Zu dieser Zeit machte er auch die bekannte Rheinreise mit Lavater und Basedow,

„Propheten rechts, Propheten links,
Das Weltkind in der Mitte,"

wie es im Gedichte „Diner zu Koblenz" heißt; vortrefflich wird es geschildert, wie Lavater die Geheimnisse der Apokalypse einem Pfarrer erklärte, Basedow die Ueberflüssigkeit der Taufe einem Tanzmeister demonstrirte, während Göthe sich an Fisch und Geflügel gütlich that. Sein in demselben Jahre verfaßtes Trauerspiel Clavigo beurkundet rasche Empfindungsgabe und hohe Sprachgewandtheit, aber ist im Ganzen seiner unwürdig. Merck sagte „er sollte solchen Quark nicht wieder schreiben, das könnten Andre thun." Wenn Clavigo ein Abfall von Götz ist, so ist Stella als ein Abfall von Werther

8*

anzusehen. Die übrigen Dichtungen aus Göthe's Jugendzeit
(lyrische Poesien, Satiren, u. s. w.) sind nur als Studien,
Versuche im letzten Jahre seines Frankfurter Lebens vollendet,
und als Feiertagsarbeiten zu halten. Mit dem Abgang nach
Weimar und dem Eintritt in das dortige Hof= und Geschäfts=
leben beginnt die zweite Periode in seiner Entwickelung.
(Vergl. Dietzmann's „Göthe und die lustige Zeit in Weimar,"
Leipzig 1857.)

Beglückt durch ehrende Stellung und durch Verkehr mit
ausgezeichneten und empfänglichen Geistern, erscheint er doch
in seinem Dichtervermögen entnervt und durch seine lärmvolle,
zerstreuende Umgebung belästigt oder nur zu unbedeutenden
Gelegenheitsstücken, Geburtstags= und andern Hofdichtungen
und Operetten veranlaßt. Der Hof ward ihm bald eine bis zur
Schale ausgesogene Apfelsine, die ihm keinen Stoff mehr zur
Dichtung gewährte. Darum riß er sich fast gewaltsam und
Die italien= wie mit der Flucht rettend von Weimar los und
ische Reise reiste (1786–8) nach Italien. Diese Reise weckte
(1786–1788) in ihm den erlahmten Schöpfungstrieb wieder und
und der gab ihm durch Anschauung der Denkmäler der
Gipfelpunkt plastischen Kunst eine größere Ruhe und Neigung
Göthen's zu den antiken Formen in seinen Werken. Jetzt
Geistesent=
wickelung.
tritt die ideale Periode in seinem geistigen Leben ein. Eg=
mont steht gleichsam an der Scheidegrenze zwischen den
beiden Perioden; der Gegenstand ist noch eine politische Um=

wälzung, aber die Ausführung iſt viel ruhiger als bei Götz.
Die ſchönſte und reiſſte Frucht der italieniſchen Reiſe iſt die
Jphigenie, welche er früher in Proſa entworfen und nach
Italien mitgebracht hatte, wo er ſie erſt in fünffüßige Jamben
umgoß. Dieſes Stück bildet den Gipfelpunkt von Göthe's
dramatiſcher Entwickelung; es findet ſich hier eine mehr innere,
ſittliche Löſung des dramatiſchen Knotens, als bei Euripides.
In dieſem reinen, edlen Dichtungswerke legt der Dichter
ſeine titaniſche Zeit und Qual ab und verbindet die Klarheit
und das Ebenmaß des Alterthums in harmoniſcher Miſchung
mit den höchſten Ideen der chriſtlichen Liebe und Verſöhnung.
Seine Wärme für das Antike bezeugt ſich auch darin, daß er
eine Jphigenie in Delphi zu ſchreiben beabſichtigte. Sein
Taſſo, gleichfalls urſprünglich in Proſa verfaßt, wurde erſt
unter dem ſüdlichen Himmel in metriſche Formen gebracht.
Das Stück leidet an demſelben Mangel an Handlung und
dramatiſcher Kraft, den man der Jphigenie vorgeworfen hat,
und ſogar in einem noch höheren Grade. Dagegen iſt die
Charakterzeichnung und Motivirung äußerſt fein, zart und
durchſichtig. Die Muſik des Rhythmus iſt für das empfäng=
liche Ohr ein wahrer Genuß. Der in dieſem Kunſtwerk ge=
ſchilderte Zwieſpalt zwiſchen Dichter und Weltmann enthält
etwas von Göthe's eigener Erfahrung am Hofe zu Weimar:
er hat ſeine innerſten Gefühle in das pſychologiſche Gemälde
hineingetragen.

Das Leben zu Weimar und die italienische Reise scheinen

Göthe's politische Haltung. den wenigen Sinn für politische Geschichte, Nationalität und Volksthum, den Göthe besaß, ganz abgestumpft zu haben. Seine literarischen Arbeiten, die sich auf die großen Ereignisse der Revolutionszeit beziehen und eine polemische Tendenz gegen die damals herrschenden Ansichten erkennen lassen, sind durchaus von geringem Werth. Die großen Bewegungen im Leben der Völker regten ihn nur zu Lustspielen und komisch-politischen Dichtungen an. So entstanden der **Großkophta** (1792), der **Bürgergeneral** (1793), die **Aufgeregten** (1793), die **Reise der Söhne Megaprazons**, der **Reinecke Fuchs** (1794); auch das später (1799) verfaßte Trauerspiel die **Natürliche Tochter** und das schöne Epos des bürgerlichen Lebens, **Hermann und Dorothea** (1797), gehören derselben Richtung an.

Mit dem Jahre 1795 beginnt Göthe's gemeinschaftliche

Schiller 1759–1805. Thätigkeit mit Joh. Christoph Friedrich **Schiller** (Marbach, 1759–1805). Schiller war der einzige Sohn und das zweite Kind eines im würtemberg'schen Dienste stehenden Hauptmannes; über seine frühesten Jugendjahre liegen nur sehr dürftige Nachrichten vor. Er war für die Theologie bestimmt und übte sich spielend in kindischer Weise im Predigen. 1771 gründete der Herzog Karl von Würtemberg eine militärische Pflanz

ſchule, in der er Söhne von Officieren wollte erziehen laſſen.
Auf den Wunſch des Herzogs wurde der junge Friedrich zur
Ausbildung hingeſchickt, um ſich dem Studium der Rechte zu
widmen, das er ſpäter mit dem der Medicin vertauſchte. Er
war fleißig und machte große Fortſchritte. Neben den Fach=
ſtudien war es den Schülern geſtattet, ſich auch in deutſchen
Dichtungen zu verſuchen. 1775 ward die Schule nach Stutt=
gart verlegt und zur herzoglichen Militärakademie erhoben.
Hier wurden die Jünglinge mit den Hauptvertretern der
Genieperiode bekannt: mit Rouſſeau und Oſſian, Göthe (Götz
und Werther), Gerſtenberg, Weckherlin, Schubart, u. ſ. w.
„Göthe's Clavigo wurde (1780) zum Geburtstag des Her=
zogs von Akademikern ſogar aufgeführt und Schiller ſpielte
die Titelrolle, wie berichtet wird, abſcheulich, kreiſchend, brül=
lend, ungeberdig bis zum Lachen.“
Zu dieſer Zeit trug er ſich mit allerlei Plänen zu großen
Tragödien, begann einen Studenten von Naſſau,
entwarf einen Cosmus von Medici und ſchrieb mehrere
Gedichte, von denen nichts übrig geblieben iſt. Er dichtete
auch Gelegenheitsſtücke zu Ehren der Maitreſſe ſeines Fürſten
Franziska von Hohenheim, die er als ein Muſter der weiblichen
Tugend anpries. Am 14. Dec. 1780 reichte er zwei Ab=
handlungen aus ſeinem Fach der Medicin ein, die als Docu=
mente der Reiſe ſeiner wiſſenſchaftlichen Kenntniſſe galten;
er wurde aus der Akademie entlaſſen und als Medicus bei

einem Grenadierregimente angestellt.   Im Sommer 1781

gab er das Schauspiel: die Räuber heraus,
das als das klassische Erzeugniß der Sturm= und
Drangperiode angesehen werden kann.   An Kühn=
heit und Genialität übertrifft dieser Erstling seiner drama=
tischen Muse alle übrigen Stücke Schiller's.   Der junge
Dichter warf es hin als ein Manifest gegen den Druck des
politischen und geistigen Despotismus, der damals auf der
jungen, strebsamen Gesellschaft lastete, als eine Kriegserklä=
rung gegen Tyrannen, *in tyrannos*, wie der Wahlspruch
auf dem Titelblatt lautete.   Das sah sehr klar der Fürst ein,
der sich gegen Göthe äußerte, wenn er Gott gewesen wäre und
bei der Schöpfung Schiller's Räuber vorausgesehen hätte, so
hätte er die Welt nicht geschaffen.   Die Idee der politischen
Freiheit durchdringt überhaupt all seine Dramen, welche nach
dieser Seite hin geradezu als epochemachend bezeichnet werden
können.

Die Räuber erregten großes Aufsehen, wurden von
Dalberg in Mannheim mit Beifall aufgeführt, und von dort
aus verbreitete sich das Stück bald über fast alle Bühnen
Deutschlands.   Der Herzog wurde über das Schauspiel sehr
erzürnt und verbot dem Dichter, hinfort Komödien, noch sonst
was zu schreiben.   Schiller bat vergebens um die Aufhebung
dieses Verbots und verzweiflungsvoll entschloß er sich zu dem
letzten Mittel, die Freiheit zu erlangen,—zur Flucht.   Er ging

nach Mannheim, wurde aber von Dalberg kalt aufgenommen und gerieth deßhalb in eine sehr mißliche Lage, bis er endlich in Bauerbach auf dem Gute der Frau v. Wolzogen ein Asyl fand. Das historische Trauerspiel Fiesko hatte er nach Mannheim mitgebracht; Dalberg aber entschied, daß es für die Bühne nicht brauchbar sei, folglich nicht angenommen werden könne. Es ward deßhalb dem Buchhändler Schwan in Verlag gegeben und in Berlin vier= zehn Mal innerhalb drei Wochen aufgeführt. Die freundliche Aufnahme, die er bei der edlen Frau v. Wolzogen fand, er= munterte den Dichter zu neuen Arbeiten. Schon im Januar 1782 hatte er Louise Millerin, später Kabale und Liebe genannt, vollendet. Am 9. März 1784, bei der ersten Aufführung des Stückes in Mannheim, sagt Gödeke, „erhoben sich am Schlusse des zweiten Aufzuges alle Zuschauer von den Sitzen und brachen in stürmischen Beifall aus. Der Dichter war in einer gemietheten Loge anwesend; von dem Beifall überrascht, erhob er sich und dankte dem Publikum. Die unwiderstehlich fortreißende, dramatische Gewalt dieses Stückes hat Schiller nie wieder erreichen können; seine Schöpfungen wurden reifer, lauterer, gediegener, aber der stürmische Schritt, mit dem dieses jugendliche Produkt forteilt, wurde bedächtiger, gemesse= ner. Kabale und Liebe entschied Schiller's Dichterruhm im Volke und war entscheidend für sein persönliches Geschick."

Fiesko 1783.

Kabale und Liebe 1784.

In diesem Drama sind die Frauencharaktere nicht gelungen,
wie überhaupt bei Schiller dieses der Fall ist; Göthe hat
weibliche Charaktere besser geschildert. Erreichte in den

Don Carlos
1787.
Räubern die Sturm- und Drangperiode den
Höhepunkt; so schließt sich dieselbe im Don
Carlos (1787) ab.

Durch den Ausbruch der Revolution, die Göthe so miß-
stimmte, daß er sich mit dem öffentlichen Leben und der Geschichte völlig überwarf und systematisch lediglich mit den
bildenden Künsten und Naturwissenschaften sich beschäftigte,
wurde Schiller's Auge noch fester auf politische und historische
Verhältnisse geheftet. Die erste Frucht dieses Interesses ist
das historische Trauerspiel Don Carlos, worin der Kampf
für geistige und politische Freiheit den eigentlichen Mittelpunkt
des Dramas bildet.

Mit Don Carlos schloß Schiller zunächst seine dramatischen
Arbeiten ab. Während Göthe seinen Roman „Wilhelm
Meister's Lehrjahre" (1794—96) schrieb, welcher einen großen
Einfluß auf die Umgestaltung der Literatur übte, begann
Schiller die Herausgabe der Horen (1794), einer Zeit-
schrift für Kunst und Wissenschaft. In dieser Unternehmung
ward er von den ausgezeichnetsten Schriftstellern Deutschlands,
Kant, Humboldt, Fichte, Klopstock, Herder u. a. unterstützt,
und suchte auch Göthe dafür zu gewinnen, was ihm auch ge-
lang. Auf diese Weise bildete sich zwischen diesen Geistesan-

tipoden ein Freundſchaftsverhältniß, das für beide anregend
und befruchtend war, und in die Literatur neues Leben brachte.
„Schiller's ideale und Göthe's reale Natur waren zwei Po=
tenzen der vollkommenen Menſchennatur." Das Ziel echter
Cultur und Humanität, wonach beide Dichter auf entgegenge=
ſetzten Wegen ſtrebten, konnte nur durch die harmoniſche Ver=
bindung Beider erreicht werden. Das wichtigſte Produkt
ihrer gemeinſamen Thätigkeit waren die im Muſenalmanach
herausgegebenen X e n i e n (1797). (Vgl. das ausgezeichnete
von Boas verfaßte Werk über dieſen Xenienkampf
(1851); am vollſtändigſten iſt Saupe's „Die   ^{Die Xenien
1797.}
Schiller-Göthiſchen Xenien," 1852 herausgegeben).
Göthe's Beiträge zu denſelben ſind mehr humoriſtiſch, die=
jenigen Schiller's mehr ſcharf ſatiriſch. Der erſte Gedanke, die
Zeitſchrift zu gründen, ſcheint bei Göthe entſtanden zu ſein,
der die Abſicht hatte, eine Reihe martialiſcher Epigramme auf
deutſche Zeitſchriften zu machen. Schiller gefiel derſelbe, den
er mit Lebhaftigkeit aufgriff und mit dem richtigen Takt aus=
führen half, indem er die geſammte Flauheit und Philiſterei
der Zeit mit der Geißel traf und die damals geprieſenſten
Erſcheinungen der literariſchen Welt mit beißender Satire
abfertigte. Der Lärm, den dieſes Verfahren verurſachte, war
ungeheuer; aber er diente nur dazu, die ſtrengen Urtheils=
ſprüche zu rechtfertigen.

Zu derſelben Zeit beurkundeten die beiden Verfaſſer ihr

Recht zur Kritik durch neue Meisterwerke. Göthe, immer
mehr zur Epik als zur Dramatik geneigt, lieferte „Hermann
und Dorothea," das den Gipfelpunkt seiner Epik bildet.
Dieses idyllische Epos zeichnet sich durch ruhigen Fortschritt
der Handlung, scharfe Zeichnung und künstlerische Gestaltung
der Charaktere aus.   Die historische Grundlage dazu fand er
in einer 1732 erschienen Geschichte der bezwungenen Aus=
wanderung der Lutheraner aus Salzburg.   In dem unter
seinen Händen zum Epos werdenden Roman, Wilhelm

Wilhelm
Meister 1794.

Meister (1794), an dem er zwanzig Jahre ar=
beitete, gibt Göthe ein Bild der Erziehung in der
realen Welt; während er im Faust mehr in die
ideale Welt hinübergreift.   „Wilhelm Meister's Lehrjahre" hat
einen äußeren, aber keinen inneren Abschluß, und wird in

Die Wahl=
verwandtschaf=
ten 1809.

den Wanderjahren fortgesetzt.   „Die Wahlver=
wandtschaften" (1809) schildern das traurige
Schicksal derjenigen, die sich von ihren Leiden=
schaften einwiegen lassen und alle Pflichten vergessen.   Da=
mit bahnte er den Uebergang vom Mährchen zur Novelle,
einer Reihe von klaren, einfachen Bildern.   „Dora" ist ein
unvollendetes Stück allegorischen Inhalts, wie der zweite
Theil des Faust.   „Die Welle" ist ein psychologisches Ge=
mälde mit einer sehr feinen Zeichnung der Seelenzustände.

Faust
1770–1831.

Faust (1770–1831) übertrifft alle andern deut=
schen Werke durch seinen Reichthum an ·Ideen.

(Dünzers Commentar iſt ſcharfſinnig und belehrend, aber zu weitſchichtig. Vergl. Peter's Literatur der Fauſtſage.) Sehr intereſſant iſt es, das alte Puppenſpiel von Dr. Fauſt mit dem Göthe'ſchen Drama zu vergleichen. Das Stück zeigt, wie ein ehrlicher Mann von ſeinem Streben nach dem Guten abgebracht werden kann, aber nicht zu Grunde geht, ſo lange dieſes aufrichtige Streben in ihm bleibt. Fauſt und Mephiſtopheles ſtellen den ganzen Menſchen dar, dieſer von der böſen, jener von der guten Seite. In dem zweiten Theile hatte Göthe den Fauſt dadurch, daß er ihn mit dem Guten in Verbindung brachte, heben und ſo ihn der Rettung würdig machen wollen. „Fauſt ſchläft" iſt ein Symbol der Ruhe und Reflexion nach dem Sturm und Drang des Lebens. Mummenſchanz iſt ein Bild des geſelligen Lebens; Helena, die Schönheit des claſſiſchen Alterthums; ſie verſchwindet, d. h. dieſe Schönheit iſt nicht durch Sturm und Drang zu erreichen. Fauſt erwirbt die Form der Phorkias, die das Häßliche verſinn= bildlicht. Homunculus iſt das fantaſtiſche Streben nach Wiſ= ſenſchaft, das nichts erreicht. Der dritte Act im zweiten Theil iſt eine Allegorie, worin die Kunſtanſchauung des Alterthums auch in Bezug auf die moderne Bildung dargeſtellt wird; er enthält auch ein ſchönes, Byron geſetztes Denkmal. Am Schluß verſchwindet die Helena, läßt aber ihren Mantel u. ſ. w. dem Fauſt zurück, was offenbar andeuten ſoll, wie die moderne Kunſt der antiken ſich bemächtige. Act **IV.**

stellt nicht den Krieg und das bloße Staatsleben dar, sondern die Schattenseite des socialen Lebens. Act V. schildert die Lichtseite desselben und das edle, befriedigungschaffende Stre= ben des guten Menschen.

Im edlen Wetteifer mit Göthe lieferte Schiller in= dessen eine Menge von Balladen, Romanzen und meh= rere lyrische und didaktische Gedichte. Auch das Drama

Wallenstein 1790–1799.
Wallenstein, mit dem er sich seit 1790 beschäftigt hatte, war jetzt (1799) seinem Ende entgegengereist; wegen des Reichthums des Stoffes hat er es in drei Theile zerlegen müssen: Wallen= stein's Lager, die Piccolomini (das Meisterstück) und Wallen= stein's Tod. Diese großartige dramatische Schöpfung sichert ihm einen Platz unter den Meistern der Tragödie aller Zeiten.

Romantisch= historische Dramen: Maria Stuart (1799), Jung= frau von Or= leans (1801) u. Die Braut von Messina 1803.
Hinfort wandte er alle seine Kräfte auf die dra= matische Dichtkunst. Seine nächsten Stücke waren Maria Stuart (1799), die Jungfrau von Orleans (1801) und die Braut von Messina (1803). In jeder dieser Arbeiten hatte der Dichter eine besondere Aufgabe zu lösen sich vorgesetzt: in der ersten, die drama= tische Behandlung eines sentimental-historischen Stoffes, in dem aber das Rührende das Geschichtliche zu sehr in den Hintergrund zurückdrängt; in der zweiten, die Behandlung der mittelalterlichen Romantik; in der dritten, die Einführung

des Chors und der Schicksalsidee der griechischen
Tragödie in das deutsche Drama. Auf diese
regelmäßigen und bühnengerechten Stücke folgte
Wilhelm Tell (1804), das den Höhepunkt
seines künstlerischen Schaffens bezeichnet. Schiller starb den
9. Mai 1805.

Das episch-
historische
Drama:
Wilhelm Tell
1804.

Sein Nachlaß, sagt Gervinus, zeigt, daß der
Dichter noch langehin mit stets neuen Erzeugnissen
seines regen Geistes unsere Bühne hätte bereichern können.
Reichliche Fragmente und Entwürfe blieben zurück. Demetrius sollte zunächst ausgeführt werden; in ihm hatte der
Dichter fortgefahren, aus der Geschichte der sämmtlichen
europäischen Völker irgend ein poetisches Moment herauszu-
greifen und zu verewigen. Daß die Malteser nicht vollendet
wurden, ist unstreitig am meisten zu bedauern. Auch dieser
Gegenstand würde sich der „Jungfrau" und dem „Tell" an-
gereiht haben, als eine Schilderung des unter den Gesichts-
punkt der Nothwehr gegen ein kolossales Bedrängniß fallenden
Kampfes wider Thrannei. Der Dichter war hier ganz in
seinem Elemente, er hatte keine Weibergeschichten dabei; das
ganze Stück würde von Waffen wiederhallt haben; der Boden,
die Begebenheit, der Orden, der Chor, alles hätte ihn berech-
tigt, seiner gehobenen Darstellungsweise sorgloser nachzu-
hängen. Des Dichter's Tod kam zu frühe, er erschreckte
Deutschland und erschütterte im Stillen den Freund, den er

Schiller's
Nachlaß.

sich zuletzt gewonnen hatte. Hätte Göthe seine Absicht ausge=
führt, den Demetrius in Schiller's Geist und Sprache zu
vollenden, es wäre das schönste Denkmal geworden, das er
dem Freunde hätte setzen können.

Eine Vergleichung der beiden Dichter, was ihre Bedeutung
für die Kunst anbetrifft, stellt ungefähr folgende Resultate her=
aus. Schiller ist eine idealistische Natur, geht von der Idee
aus und sucht dann für seine Ideen Anknüpfungspunkte in der
Wirklichkeit; Göthe ist dagegen mehr realistisch angelegt, und
geht mehr vom wirklich Erlebten aus. (Vgl. Herder's Nachlaß
S. 193.) Göthe ist mehr der Dichter der Empfindung und des
Gemüthes, Schiller der Dichter der Gesinnung und der freien
That. Schiller mehr zum Drama und der Tragödie geeignet,
Göthe mehr für Epik und Lyrik geschaffen. In der Sprache
wirkt Göthe mehr durch Einfachheit, Schiller mehr durch die
Anwendung der Kunstmittel der Rhetorik. Schiller hat weni=
ger als Göthe schöpferisch in die Sprache hineingegriffen.
Seine Dramen tragen das Zeichen der Sturm= und Drang=
periode. (Vgl. „Die Selbstbekenntnisse Schiller's" von Kuno
Fischer.) Schiller's Geschichtswerke (Abfall der Niederlande,
1788; Dreißigjähriger Krieg, 1790) zeichnen sich durch dich=
terischen Geist und dramatische Gestaltung aus; doch jetzt
interessiren sie uns hauptsächlich nur als Vorstudien zu seinen
großen historischen Schauspielen. Dasselbe gilt auch von seinen
ästhetisch=philosophischen Thätigkeit (Briefe über ästhetische

Erziehung (1795), und der Aufsatz über naive und sentimentale Dichtung (1795)), die in die Läuterungsperiode seiner poetischen Entwickelung fiel und eine innere Aufklärung und künstlerische Umbildung in ihm bewirkte. Für die spätere romantische Schule aber, sind seine philosophischen Speculationen und Kunsttheorien sehr wichtig geworden als der Grund zu einer ganz neuen Aesthetik. Von Göthe's Alterswerken ist die unübertreffliche Selbstbiographie „Dichtung und Wahrheit" (1811) besonders hervorzuheben als eine reiche Quelle der Erkenntniß bezüglich der Sitten- und Literaturgeschichte des vorigen Jahrhunderts. Die wissenschaftlichen Beschäftigungen seiner letzten Jahre sind durchaus mißlungen und haben für uns nur ein psychologisches, oder, man möchte fast sagen, pathologisches Interesse.

Während das bürgerliche und historische Schauspiel in Deutschland einen neuen Anstoß durch Shakespeare erhielt, bildet sich auch der Roman unter englischen Einflüssen aus. Der bedeutendste und beliebteste Vertreter dieser Gattung der Literatur war **Jean Paul Friedrich Richter** (aus Wunsiedel bei Baireuth 1763–1825), dessen Jugend in den Zeiten der Kraftgenies wurzelt, obgleich die Blüthe seiner Schriftstellerei erst an die Scheide der Jahrhunderte fällt. Sein Vater war Lehrer und Organist und später Prediger in Schwarzenbach, wo der zwölfjährige Knabe, „fast weltverlassen in Berg und

Jean Paul
Richter
1763–1825.

Wald" lebte und sich seiner überschwenglichen Phantasie völlig
hingab. Die unendlich kleinen und beschränkten Verhältnisse,
in welchen er seine Kindheit verbrachte, zogen in ihm groß
eine vage, unbestimmte Sehnsucht und glühende, schwärmeri=
sche Empfindungen, die auf sein Wesen wie auf seine Schriften
einen eigenthümlichen Stempel, den Stempel steter Jugend=
lichkeit drückten. Als er 1779 Leipzig beziehen sollte, gerieth
er in plötzliche Verarmung durch den Tod seines Vaters;
dies nöthigte ihn einen Erwerb zu suchen und er wandte sich
der Schriftstellerei zu. Sein literarisches Auftreten fällt in

Seine Werke. das Jahr 1783 wo er die kleinmalerische Schrift
Grönländische Prozesse verfaßte, eine Satire
im Swiftischen Styl, voll Bitterkeit und Lieblosigkeit gegen
das weibliche Geschlecht. Schon in dem 18ten Jahre hatte
er nach Erasmus ein Lob der Narrheit geschrieben das er
nun in diese Prozesse verarbeitete. Dann folgten noch an=
dere satirische Werke, die Auswahl aus des Teufels
Papieren (1789), des Feldpredigers Schmelzle
Reise nach Fläz (1805) und Katzenberger's
Badereise (1808), von denen das letzte das beste ist.
Neun Jahre lang arbeitete er, wie er selbst sagt, in der satiri=
schen Essigfabrik; dann machte er durch das noch etwas
honigsaure Leben des Wuz den Uebergang zu der unsicht=
baren Loge (1793). Die Allmacht seiner bis jetzt zurück=
gedrängten Gefühle brach in einer Reihe von Werken hervor,

von denen die bedeutendsten folgende sind: Hesperus (1795), Quintus Fixlein (1796), Titan (1800– 1803) und Flegeljahre (1803–1805); weniger bedeutend aber am meisten gelesen sind die Blumen- Frucht- und Dornenstücke (1796–97), die der Schilderung des Kleinlebens sich widmen. Die Vorschule der Aesthetik (1805) ist ein Sammelplatz oder vielmehr ein Tummelplatz sehr geistreicher, aber äußerst zerstückelter Bemerkungen; wie dieses auch der Fall ist mit der Levana, oder Erziehungslehre (1807), und Selina oder über die Unsterblichkeit. „Einen ästhetischen und pädagogischen Grundsatz muß man hier nicht suchen wollen, so wenig als der Staatsmann einen politischen suchen wird in den idealen Staatsprincipien Jean Paul's. Wer die großartigen Analogien der Naturkunde an seine Unsterblichkeitshoffnungen, wer die Geschichte an seine Menschheitsträume und Erdenparadiese, wer die Physiologie an seine Traumtheorien, und die Kenntniß der Welt und der Menschen an seine besondere Art von Menschenkenntniß mit freiem Blicke hält, der wird bald finden, wie wenig wissenschaftlicher Geist in diesem Manne der Einbildungskraft war." Um die Wissenschaften kümmerte er sich überhaupt, nur um sie alle seiner Dichtung dienstbar zu machen.

Ein Nachfolger Hamann's und ein Vorläufer Jean Paul's in der Romanliteratur war der Ostpreuße Theodor Gottlieb von Hippel (1741–1796).

Hippel
1741–1796.

9

Seine Werke, besonders die Lebensläufe in auf=
steigender Linie (1778) und die Kreuz= und Quer=
züge des Ritters A bis Z (1793), sind nicht
sowohl Erzeugnisse der schönen Kunst, als Kommentare zu
des Verfassers eigenem Leben, Charakter und Ideenkreise.
Sie sind lauter Haufen von zerstreuten Einfällen und zusam=
menhangslosen Thatsachen, Witzeleien und blendenden Gegen=
sätzen. Dies rührte theilweise daher, daß er, wie Jean Paul
sein Geistessohn, nie einen abgeschlossenen, systematischen Un=
terricht gehabt hatte. Er gewöhnte sich sehr viel an Tage=
bücher und in religiösen Dingen sah er seine Gebete fast als
ein mit Gott geführtes Tagebuch an. Den ersten Anstoß zu
dieser Manier gab Hamann; die höchste Ausbildung derselben
finden wir bei Jean Paul.

In dieselbe Gruppe läßt sich auch Joh. Timoth.

Hermes 1738–1821. Hermes (bei Stargard 1738–1821) stellen;
bei ihm ist der neue englische Geschmack gleich an=
fangs entschieden, doch schwebt seine Manier und
seine Neigung zwischen Richardson und Fielding. Dies ist
der Fall besonders in seiner Miß Fanny Wilkes
(1766); die Charaktere sind aus Richardson entlehnt; in
Form und Eintheilung ist das Werk fieldingisch. Gegen
diese Richardson'sche Richtung trat Joh. Karl Musäus

Musäus 1735–1787. (aus Jena 1735–1787) auf; sein „Grandison
der Zweite" erzählt in Briefen die Geschichte

des Herrn N., der als eine Art Don Quixote dargestellt wird, dem die Lectüre des Sir Charles Grandison den Kopf ver= rückt. Sehen wir von Jean Paul ab, so ist der bedeutendste dieser humoristischen Romanschreiber, die sich ungezwungen und frei an die Yorick=Sternische Manier anlehnten, Moritz Aug. von Thümmel (bei Leipzig 1738–1817). Seine „Reise in die mittäglichen Provinzen von Frankreich" (1791–1805) gestattet uns überall tiefe Blicke in die allgemeine menschliche Natur und in die besondere krankhafte Empfindsamkeit der damaligen Zeit, mit den so leicht unter sich vermittelnden Uebergängen von Hypo= chondrie zur Wollust. Das Verhältniß zwischen dem Ich und der Welt und die gegenseitige Einwirkung beider stellt dieses Werk auf sehr künstlerische Art dar; übrigens ist es durch Glätte und Eleganz des Styles ausgezeichnet.

Thümmel 1738–1817.

Mit Jean Paul, wie schon angedeutet worden ist, hat der humoristische Roman den Gipfelpunkt erreicht; seit ihm ist derselbe sehr rasch in Verfall gerathen. Die mei= sten Schriftsteller die sich mit dieser Literaturgat= tung beschäftigt, gelangten darin zu wenigem Ruhm und haben für die Nachwelt gar keine Bedeutung mehr. Hier können nur die bekanntesten Namen erwähnt werden: Joh. Gottwerth Müller (1744–1828), Adolf v. Knigge (1752–1796), Ernst Wagner (1767–1812), August Langbein (1757–1835), Joh.

Erweiterung und Entar= tung der Ro= manliteratur.

Karl Wezel (1747–1819), Benzel-Sternau (1767–1851), und E. T. W. Hoffmann (1776–1822), gewöhnlich Amadeus Hoffmann genannt. Der letzte ist in seinen späteren Werken von dem Idyllischen und Sehnsuchtsvollen des Jean Paul auf das Gebiet des Schauderlichen, Spleenartigen und Verzerrten übergegangen. Zu dieser Zeit entstand auch eine Unzahl biographischer und historischer Romane die ihre Stoffe vorzugsweise aus dem Alterthume entlehnten. Als Beispiele der ältern in die jetzt sehr verbreitete Gattung des Geschichtsromanes gehörenden Schriften können, außer Wieland's „Aristipp" (1800), „Alcibiades," „Masaniello," „Bianca Capello," von Aug. Gottl. Meißner (1753–1807) und „Aristides und Themistokles," „Marc Aurel," „Attila" vom Ign. Aur. Feßler (1756–1839) angeführt werden. Noch lesenswerther als seine Romane ist Feßler's sehr interessante Selbstbiographie: „Rückblick auf meine siebenzigjährige Pilgerfahrt." Hier, wie in dem „Anton Reiser" (1785), einer ähnlichen Autobiographie von Karl Phil. Moritz (1757–1793) und in der sentimentalen Selbstschilderung von Jung Stilling, sieht man in die innere Werkstätte des Aberglaubens, Rechtglaubens und Unglaubens hinein.

Durch eine außerordentlich geschickte und zauberische Darstellung des Geistes des mittelalterlichen Ritterthums und Minnedienstes machte Fouqué (auf den wir später zurückkom-

Anfang des Geschichtsromans.

men werden) den Ritterroman zur Lieblingslectüre der Na=
tion. Dazu kam der Rinaldo Rinaldini von
Göthe's Schwager Ch. A. Vulpius (1762– **Vulpius**
1827), der eine verderbliche Sündfluth von **1762–1827.**
Räuberromanen zur Folge hatte. Aber diese
krankhafte Richtung war nur eine vorübergehende. Der Ro=
man lehnte sich immer mehr vom Phantastischen und Verschro=
benen zurückkommend, ans Wirkliche und Volksthümliche an.

Der frühverstorbene Wilh. Hauff (1802– **Hauff**
1827) zeichnete sich besonders in den poesie= und **1802–1827.**
erfindungsreichen „Mittheilungen aus den Memoi=
ren des Satans" und „Phantasien im Bremer Rathskeller"
aus. In der genialen Persiflage „Der Mann im Monde"
machte er die unter dem Pseudonamen H. Clauren, vom
preußischen Hofrath Karl Heun herausgegebenen Romane,
welche wegen ihrer lüsternen Frivolität und sentimentalen
Geistlosigkeit von der damaligen Lesewelt heißhungrig ver=
schlungen wurden, gänzlich zu Schanden.

Noch bedeutender als Hauff war der vielseitige, als Philo=
soph, Dichter und Naturforscher rastlos thätige Norweger
Heinrich Steffens (1773–1845). Seine
kirchlichen und theologischen Schriften („Von der **Steffens**
falschen Theologie und dem wahren Glauben," **1773–1845.**
„Wie ich wieder Lutheraner wurde," u. a.), die er zur Recht=
fertigung des Altlutherthums verfaßte, haben für uns kein

Interesse. Immer frisch und vielgelesen, dagegen, bleiben seine Novellen („Die Familien Walseth und Leith," „Die vier Norweger," „Malcolm"), worin er philosophische Reflexion mit lebendiger Darstellung und anziehenden Naturschilderungen und Genrebildern aus seiner skandinavischen Heimath glücklich verbindet. Seine höchst ausführliche, aber sehr geistreiche Selbstbiographie („Was ich erlebte" in zehn Bänden) ist besonders wichtig wegen des lebhaften Antheils, den der Verfasser an der Entwickelung der Naturphilosophie, sowie an den Bewegungen der Freiheitskämpfe genommen hatte.

Zu gleicher Zeit trat der damals ungemein populäre **Heinrich Zschokke** (1771–1848) mit den

Zschokke
1771–1848.

verschiedenartigsten Schriften (Dramen, Geschichtswerken, Erzählungen, lyrischen Gedichten, u. s. w.) auf. Als Dichter ist er ohne echt poetischen Schwung. Seine flüchtig hingeworfenen Romane, „Jonathan Frock," „Der Kreole," „Der zerbrochene Krug" u. m. a. sind aus den heutigen Leserkreisen fast gänzlich verschwunden. In dem „Goldmacherdorf," dem „Meister Jordan" und ähnlichen Volksschriften vertrat er die jetzt zu so eigenthümlicher Geltung gekommene Dorfnovellestik, wie er auch in den anonym herausgegebenen und weitverbreiteten „Stunden der Andacht" (in acht Bänden) dem modernen Nationalismus das Wort redete. Zschokke's Autobiographie, „Selbstschau," ist eine interessante Selbstschilderung und enthält im zweiten Band eine klare Darlegung seiner philosophischen Weltanschauung.

Während dieser Erweiterung und Vervielfältigung der Romanliteratur, wurde auch die Schauspielkunst durch eine Reihe talentvoller Männer bedeutend ausge= bildet. Es waren zumal drei Schauspieler, die dem von Lessing gegebenen Beispiel sich anschließend, für das deutsche Theaterwesen epochemachend, wenn auch nicht immer segensreich, wirkten. Unter diesen war K o n r a d E c k h o f (1720–1778) unstreitig der Größte. Als Schriftsteller hat er sich nur durch einige nach dem Französischen bearbeitete Lustspiele bekannt gemacht; aber in der Darstellungskunst ist er selten übertroffen worden. Trotz seines kleinen Wuchses und andrer Körperfehler spielte er tragische und komische Rollen mit gleicher Geschicklichkeit und riß durch die Gewalt seines Vortrags und die Vielseitig= keit seines Genies alle Zuschauer hin. Nach einem langen Wanderleben mit herumschweifenden Truppen, gelang es ihm endlich, eine feste Stätte in Gotha zu finden, wo er in freund= schaftlicher Verbindung mit dem Dichter Fr. Wilh. Gotter für die Bühne thätig war, aber sich immer mehr in französische Dramatik verfing. Diesem Geschmack trat Fr. L. S c h r ö d e r (1744–1816) durch bühnengerechte Bearbeitung englischer Stücke entschieden entgegen. Die damals herrschende, von Lessing herrührende Vorliebe für

Schauspiel= kunst.

Eckhof 1720–1778.

Schröder 1744–1816.

Shakespeare wußte er mit richtigem Takte für das deutsche
Theater auszubeuten; leider hat er als Schauspieler überall
das Poetische zu wenig geachtet und die theatralische Brauch=
barkeit zu ausschließlich berücksichtigt. Mit Eckhof's und
Gotter's Schüler A. W. Iffland (1759–1814)

Iffland
1759–1814.

drang das platte, hausbacken=bürgerliche Element
in seiner dürrsten, langweiligsten Alltäglichkeit in
das Drama ein. Sein bestes Stück, „Die Jäger," geht zu=
weilen noch jetzt mit Beifall über die Bretter; doch von einer
höheren Kunstentfaltung oder feineren Charakterschilderung
kann bei dieser Gattung gar nicht die Rede sein; und es ist
Schiller als ein kein geringes Verdienst anzurechnen, daß er
durch den Wallenstein dieser flachen, bürgerlich=rührenden Ten=
denz ein Ende gemacht und dem Schauspiel die Ereignisse
der neueren Geschichte, wo „um der Menschheit große Gegen=
stände, um Herrschaft und um Freiheit ward gerungen," als
Gebiet angewiesen hat. Als Iffland sich endlich in Berlin
niederließ und die Direktion der dortigen Bühne übernahm,
fand er eine verwandte Natur in Joh. Jac. Engel
(1741–1802), dem bekannten „Philosophen für die Welt."
Engel's Schauspiele sind meistens erbärmliches Zeug ohne
Herz und ohne Geist. Sein Roman „Lorenz Stark" (1801),
stylistisch sehr lebhaft, aber äußerst spießbürgerlich und gehalt=
los, galt eine Zeitlang als ein Musterwerk und bildet noch
immer in gewissen Kreisen ein beliebtes Lesebuch.

Alles, was in diesen verschiedenen Richtungen Triviales und Tadelnswerthes lag, wurde von Aug. v. Kotzebue (1761–1819) nicht nur zusammenge= faßt, sondern auch mit noch giftigeren Zuthaten der eignen Ideen= und Sittenlosigkeit gemischt. Seine Fruchtbarkeit in der Schriftstellerei ist fast unglaublich und wird kaum von der des Calderon und des Lope de Vega über= troffen. Zur Zeit seiner Ermordung durch den Studenten Sand, hatte er 211 Theaterstücke zusammengeschmiert und dazu noch viele Romane, Erzählungen und Pasquille. Seine Dramen, die in alle Sprachen Europa's übersetzt und auf allen Bühnen von Sibirien bis Neapel unter stürmischem Beifall gegeben wurden, sind allerdings glatt und gewandt und zur Aufführung sehr geeignet, allein vom Standpunkt der Aesthetik und der Moral, durchaus elend. Doch ward er selbst von einem Jean Paul als Lustspieldichter neben Molière gestellt. In einer Reihe von Denkwürdigkeiten („Flucht nach Paris" u. m. a.) hat Kotzebue einzelne Momente aus seinem Leben redselig geschildert, und sich selber vorgeworfen, den Verfall der deutschen Bühnendichtung beschleunigt zu haben. Gegen diese verderbliche Richtung eröffnete jetzt Schlegel seine kräftige Polemik, welche eine hauptsächlich von Berlin ausgehende Reaktion hervorrief und unter Mit= wirkung der politischen Verhältnisse die Gründung der ro= mantischen Schule zur Folge hatte.

9*

Der bezeichnendste Vertreter dieser für Kirche und Vaterland schwärmenden Schule war Friedrich von

Die roman-
tische Schule
und
ihre Stimm-
führer.

Novalis
1772-1801.

Hardenberg (1772-1801), der sich nach einem
Gute seiner Familie Novalis nannte. Hein-
rich Laube, in seiner Literaturgeschichte, charakterisirt
ihn als „todeskrank von Jugend auf, aber angethan und verklärt mit dem rosigen Hauche irdischer
Sehnsucht. Der frühe Todeskeim durchsichtigen Brustleidens
war erblich in seiner Familie und stimmte ihm alle Organe
zum Seraphsschwunge, läuterte alle Regung zur entkörperten
Ueberschwenglichkeit." Auch Schleiermacher in den „Reden
über die Religion" würdigte mit theilnehmender Seele „den
früh entschlafenen sittlichen Jüngling, dem alles Kunst ward,
was sein Geist berührte, dessen ganze Weltanschauung unmittelbar zu einem großen Gedichte wurde." Diese krankhafte,
übersinnliche, schwermüthige Stimmung, welche die herrnhu-
tische Stille und Frömmigkeit des elterlichen Hauses und seine
tiefsinnigen, mystischen Studien nährten, bildet den Grund-
ton seiner Dichtungen („Hymnen an die Nacht," „Geistliche
Lieder" u. s. w.). In seinem unvollendeten Roman, „Heinrich von Ofterdingen," wollte er eine Apotheose der Poesie
liefern und namentlich die romantische Idee, daß Natur, Wissenschaft und Leben eins mit der Poesie und Religion sind, zur
Darstellung bringen. Dies Werk ist großartig angelegt,
aber mangelhaft in der Ausführung. Es fehlt zu sehr an

kunstvoll verknüpfter Handlung und lebendiger Charakterzeich=
nung und das Ganze zerfließt in allerlei Reflexionen und
Träumereien. Sein übriger Nachlaß besteht in abgerissenen
Aussprüchen, welche oft scharf und geistreich, mitunter jedoch
sehr unklar und bis zum Widersinn paradox sind.

Die Wortführer der Kritik bei den Romantikern waren die
Gebrüder August Wilhelm (1767–1845)
und Friedrich Schlegel (1772–1829), die
sich besonders durch die Kunst der Uebersetzung
und die ungemeine Fähigkeit Fremdes aufzufassen
und sich anzueignen auszeichneten, ein Talent, wo=

Aug. Wilh.
Schlegel
1767–1845.

Friedrich
Schlegel
1772–1829.

von die meisterhafte, später von Tieck beendigte Verdeutschung
Shakespeare's einen Beweis giebt. Der jüngere Bruder soll
dem älteren an Schöpferkraft überlegen gewesen sein, nament=
lich in der Lyrik. Aber „Lucinde" und „Alarcos" sowie
„Arion" und „Jon" sind Werke, an welchen die echte Poesie
nur sehr geringen Antheil hat. Ueberhaupt wirkten die beiden
Brüder weniger durch ihre Dichtungen als durch ihre wissen=
schaftlichen Leistungen. August Wilhelm's „Vorlesungen über
dramatische Kunst und Literatur" (1809) und Friedrich's
„Geschichte der alten und neuen Literatur" (1815) können in
der That als die Grundsäulen der deutschen Literaturgeschichte
angesehen werden. Während diese Dioskuren der roman=
tischen Schule durch ihre ästhetisch=kritische Thätigkeit („Cha=
rakteristiken und Kritiken" und die Zeitschrift „Athenäum")

anregend und tonangebend für Kunst und Poesie wurden, zeich=
nete sich **Ludwig Tieck** (1773–1853) mehr
durch dichterische Ursprünglichkeit und dramatische

Produktivität aus. Dem warmen Lobspruch Bar=
thel's, der dieses Genie des Wunderbaren und Phantastischen
als „den bedeutendsten Dichter der Neuzeit" anpreiset, können
wir jedoch durchaus nicht beipflichten. Sein erster Roman
„Abdallah" (1795) ist ein orientalisches Schauerbild im Ge=
schmack der Sturm= und Drangperiode; im „Peter Leberecht"
(1795) lehnt er sich an Sterne und Thümmel an; im **William
Lovell** (1794–6) nimmt er Rousseau zum Vorbild; erst in
der dramatischen Bearbeitung alter **Volksmährchen** und
Sagen („Prinz Zerbino," „Blaubart," „Der gestiefelte
Kater,") denen er eine literarische Bedeutung zu geben wußte,
durch polemische Beziehungen auf die spießbürgerlichen Fami=
liendramen und plumpen, verwilderten Ritterstücke seiner Zeit,
kam er auf den Boden der Romantik. In den umfassenderen
Schöpfungen, „Genoveva," „Kaiser Octavianus," „Fortuna=
tus," in welchen Werken nach allgemeinem Zugeständniß die
feinste und duftendste Blüthe der sogenannten Romantik sich
erschlossen hat, setzte er seine satirische Polemik gegen verkehrte
Tendenzen im Geschmack und in der Literatur noch weiter und
auf höherer Stufe fort. In dem als Kunstwerk freilich ganz
verfehlten Roman, „Franz Sternbald's Wanderungen" (1798),
der aber große Bedeutung gewann wegen der darin zuerst auf=

gestellten Grundsätze von der religiösen Heiligung der Künste im
Gegensatz zur ästhetischen Leerheit des Lutherthums, ahmte er
Göthe's Wilhelm Meister und noch mehr Heinse's Ardinghello
nach. (Zufolge einer späteren Erklärung Tieck's gehört dieses
Werk seinem frühverstorbenen Freunde Wilh.
Hein. Wackenroder, dem Verfasser der „Her= Wackenroder
1772–1797.
zensergießungen eines kunstliebenden Klosterbru=
ders," zu.) Im „Phantasus" (1812), einer Sammlung
von Volks= und Hausmährchen herrscht ein starker Hang zum
Ueberschwänglichen und Mystischen vor, ohne den naiven,
poetischen Ton, der uns in den ähnlichen Sammlungen der
Gebrüder Grimm so unwiderstehlich anzieht. Tieck
wirkte sehr thätig für das Schauspielwesen sowohl Jacob Grimm
1785–1863.
durch seine Schriften, „Das altenglische Theater,"
„Briefe über Shakespeare" und „Dramaturgische Wilh. Grimm
1786–1859.
Blätter," als durch die Direktion des Dresdener Theaters,
die er nach seiner Heimkehr von England im Jahre 1819
übernahm; um so mehr muß es auffallen, daß seine eigenen
Dramen zur Aufführung durchaus ungeeignet sind.

An diese vier Hauptrepräsentanten der romantischen Genos=
senschaft schloß sich zunächst Ludwig Achim
von Arnim (1784–1831), der in Verbindung Achim von
Arnim
1784–1831.
mit seinem weniger begabten Freund und Schwager
Clemens Brentano (1777–1842), die schöne Clemens
Brentano
1777–1842.
Sammlung von Volksliedern, „Des Knaben Wun=

derhorn" herausgab und dadurch einen nicht geringen und
sehr heilsamen Einfluß auf die neuere deutsche Lyrik ausübte.
Die übrigen Brentano'schen Werke sind ziemlich barocke Schil=
derungen deutschen Kleinlebens und einfache volksthümliche
Erzählungen, wobei freilich die kindliche Naivetät sehr häu=
fig in kindische Lapperei umschlägt. Das Beste, was er
selbstständig geschrieben hat, ist „Die Geschichte vom braven
Kasperl und schönen Annerl" und sein letztes Mährchen
„Gockel, Hinkel und Gackeleia." Arnim's Romane („Die
Kronenwächter," „Armuth, Reichthum, Schuld und Buße
der Gräfin Dolores," „Isabella von Aegypten,") enthalten
einzelne Scenen von wahrhaft dichterischer Färbung und hin=
reißender Schönheit, aber sie ermangeln sämmtlich der plas=
tischen Darstellung; durch eingestreute, nicht selten fremdartige
Episoden wird auch die künstlerische Einheit der Handlung
unangenehm gestört und der Genuß des reichen Inhalts be=
deutend vermindert. Am wenigsten ansprechend sind seine
Dramen („Halle und Jerusalem," „Der Auerhahn" u. a.),
die nur als rohe, bizarre Caricaturen der Shakespeare'schen
Schauspiele anzusehen sind.

Eine noch größere Fülle von poetischen Ideen und Bildern
und geistreichen Reflexionen, als bei den ebenerwähnten Roman=

Bettina von
Arnim
1785–1859.

tikern, zeigt sich in dem berühmten Buche „Göthe's
Briefwechsel mit einem Kinde," welches von Bren=
tano's Schwester und Arnim's Gattin, Bettina

(1785–1859), verfaßt wurde. Daſſelbe gilt auch von ihrem gleichfalls in Briefen geſchriebenen Roman, der „Günderode,“ welcher von dem im Leben, ſowie in der Natur waltenden Geiſt der Poeſie innig durchhaucht iſt. Doch herrſcht darin eine gewiſſe Ueberſpanntheit der Phantaſie und gezwungene Naivetät, wodurch dieſe Schriftſtellerin dem Buche den anmuthigen Charakter der Kindlichkeit gewaltſam zu bewahren ſucht. In ihren ſpäteren Werken, „Ilius Pamphilius und die Ambroſia“ (auch in Briefen verfaßt), „Dies Buch gehört dem König“ (1843), mit der Fortſetzung, „Geſpräche mit Dämonen,“ kommt ſie auf das Gebiet der Staatskunſt, vertieft ſich in die ſocialen Probleme der Neuzeit und verficht die Sache des Demokratismus dem Königthum gegenüber.

Wie Novalis die zarte, myſtiſche Sehnſucht, Tieck die phantaſtiſche Mährchenwelt und Friedrich Schlegel die katholiſch-kirchliche Richtung, ſo vertritt **Friedrich Baron de la Motte Fouqué** (1777–1843) das ritter-lich-feudale Element der mittelalterlichen Romantik.

Fouqué
1777–1843.

Er nahm Antheil an dem Befreiungskrieg mit dem Schwert ſowohl, als auch mit der Feder, wohnte, von 1813 an, den bedeutendſten Schlachten bei, und ſchrieb eine Anzahl „Kriegs-lieder“ und „Lieder auf die Königin Louiſe,“ die jedoch auf die Nation nicht viel Eindruck gemacht zu haben ſcheinen. Mehr Er-folg errang er durch ſeine allerdings phantaſtiſchen und mitunter formloſen, aber ſehr dichteriſchen Zauber- und Heldenromane, unter denen der „Zauberring," die „Fahrten des Isländers Thiodolph" und das künstlerisch schöne und allgemein beliebte Mährchen „Undine" am gelungensten sind. Seine lyrischen Gedichte zeugen von innigem Gefühl und reicher Phantasie, doch reichen sie an seine prosaischen Werke bei weitem nicht hinan. Von den übrigen im engeren Sinne der romantischen Schule

Kleist 1776–1811. angehörenden Dichtern wollen wir nur die Drama= tiker Heinrich von Kleist (1776–1811)

Werner 1768–1823. und Fried. Ludwig Zacharias Werner (1768–1823), noch erwähnen. Kleist hat man häufig den „politischen Werther" genannt, weil er, vermuthlich aus Herzeleid über die Ohnmacht und Knechtschaft seines Vaterlandes, sich selbst das Leben nahm. Wahrscheinlicher ist es, daß die Motive seines Selbstmordes in einer unbe= stimmten, von physischer und psychischer Krankheit herrühren= den weltschmerzlichen Verstimmung lagen. Ohne Leidenschaft und mit ruhiger Ueberlegung, strich er das Leben aus „wie eine zu lange Scene in einem Drama." Seine Theaterstücke, „Hermannsschlacht," „Das Käthchen von Heilbronn," „Prinz Friedrich von Homburg," u. a., geben Zeugniß von einem wirk= lichen, aber unreifen Talente und einem hingebenden Patriotis= mus. Merkwürdig ist es auch, daß diese schwermüthige Natur in dem „Zerbrochenen Krug," einem der originellsten und treff= lichsten Lustspiele in der deutschen Literatur, für diese in Deutsch= land so sehr vernachlässigte Gattung das schönste Talent an den Tag gelegt hat. Unter seinen Erzählungen zeichnet sich „Michael Kohlhaas," ein Sittengemälde aus der Zeit Luther's, durch meisterhafte Darstellung und Charakterzeichnung aus.

Den Uebergang von der romantischen Dramatik zu den sogenannten Schicksalstragödien (als deren Vertreter G r i l l - p a r z e r, H o u w a l d, M ü l l n e r u. a. m. einst beliebt waren und jetzt berüchtigt sind), bildet Werner, besonders in dem Trauerspiel, „Der vierundzwanzigste Februar," welches er nach dem für ihn verhängnißvollen Todestage seiner geistes= verwirrten Mutter mit diesem Titel bezeichnete. Von Haus aus war Werner ein begabter Geist. In seinen früheren Dramen, „Die Söhne des Thales," „Das Kreuz an der Ost= see," „Martin Luther oder die Weihe der Kraft," zeigt sich eine außerordentliche Gewalt und Gewandtheit der Sprache, aber ein Mangel an aller Zucht der Phantasie und des Ge= müths. Als er später zur katholischen Kirche übertrat, suchte er dem Einfluß des letzteren Stückes, worin der Held der Refor= mation verherrlicht wird, durch das Gedicht „Die Weihe der Unkraft" vergeblich die Spitze abzubrechen. Trotz seiner mystischen Frömmigkeit und Schwärmerei für die Religion, die ihn endlich auf die Kanzel führte, war Werner doch ein lockerer, von Leidenschaften erschöpfter Mensch, der sich ziel= und regellos im Leben wie in der Kunst herumtrieb. Offen= bar hatte er von seiner Mutter, die nach dem Tode ihres Mannes sich selbst für die Jungfrau Maria und ihren Sohn für den Heiland hielt, den Keim einer Geisteskrankheit geerbt, welche bei ihm eine innere Zerstörung des Gemüths zur Folge hatte, ohne jedoch vollständig zum Ausbruch zu kommen.

Edlere und männlichere Nachklänge der bereits kränkelnden romantischen Schule vernehmen wir namentlich in **Adelbert von Chamisso** (1781–1838), **Joseph von Eichendorff** (1788–1857), und **Ernst Schulze** (1789–1817), dem Verfasser der durch glanzvollen Styl und künstlerische Rundung ausgezeichneten, aber durch elegische Weichheit und Eintönigkeit etwas ermüdenden Epen, „Cäcilie" und „Die bezauberte Rose." Der französisch geborene und deutsch gewordene Dichter **Chamisso** trat in Verbindung mit Varnhagen von Ense als Mitarbeiter an dem Musenalmanach von 1804 sehr früh in der Literatur auf. Trotz der großen Unreife dieser knabenhaften Versuche, zeigt er doch schon auch in ihnen ein echt dichterisches Talent und eine merkwürdige Fähigkeit, den Geist und die Sprache einer fremden Nation nicht nur sich anzueignen, sondern auch zu veredeln. Am bekanntesten ist seine Mährchennovelle „Peter Schlemihl" (1813), worin er die wundersame Geschichte eines schattenlosen Mannes mit kostbarem Humor erzählt und in diesem scheinbar unerheblichen, aber wirklich unersetzbaren Verlust des Schattens, das verlorene Vaterland andeutet, und das tiefe Leiden eines aus der angeborenen Heimath gestoßenen

Nachklänge der Romantik.
Chamisso 1781–1838.
Eichendorff 1788–1857.
Schulze 1789–1817.

Verbannten darstellt. Unter seinen poetischen Erzählungen ist „Salas y Gomez" unstreitig die vorzüglichste. In dieser Frucht einer dreijährigen Reise um die Welt, schildert der Dichter das Leben eines mitten in die Südsee verschlagenen Menschen, der auf jener einsamen, nackten Klippe mit den Eiern der Wasservögel sein verlassenes Dasein verlängerte, unter sich nur das harte Steinlager, über sich das Sternbild des Kreuzes, welches auf sein Elend niederschaut, ohne jedoch eine Erlösung zu verheißen. Besonders gelungen ist die reiche und zugleich erschütternde Schilderung von wechselnden See- lenzuständen; von dieser psychologischen Seite betrachtet, kann man das Gedicht als das eigentliche Meisterstück der Chamisso'- schen Poesie ansehen. Auf mehrere jüngere Schriftsteller übte Chamisso einen bedeutenden Einfluß aus; es ist ihm auch als ein großes Verdienst anzurechnen, daß er zuerst dem gemüth- lichen und kunstsinnigen Dänen, Hans Christian An- dersen, Eingang in die deutsche und sodann in die Welt- Literatur verschaffte.

Eichendorff, der seine ersten Gedichte unter dem Dichternamen Florenz herausgab, hat man sehr passend den letzten Ritter der Romantik genannt, da in ihm das süße, sehnsüchtige, nebelhafte Wesen derselben noch einmal zum Vor- schein kommt. Der schönste Ausdruck dieser träumerischen Gefühle findet sich in seiner Lyrik, zumal in den trefflichen Wander- und Waldliedern. Als Schauspieldichter und Novellenschriftsteller fehlt es ihm an dramatischer und plastischer Gestaltung des Stoffes. Unter seinen Romanen sind „Aus dem Leben eines Taugenichts," „Dichter und ihre Gesellen," „Das Marmorbild" und „Ahnung und Gegenwart" am gelungensten. In den Beiträgen „Zur Geschichte des Dramas," sowie auch in der literarhistorischen Abhandlung, „Der deutsche Roman des achtzehnten Jahrhunderts in seinem Verhältniß zum Christenthum," wendete er die von Fr. Schlegel angebahnte, und von dem Coblenzer Görres auf die Politik fortgebildete katholische Richtung der Romantiker, verschrobener Weise auf die Kunst an, die ihre höchste Mission als Dienerin im Vorhofe der allein seligmachenden Kirche erfüllen soll. Ein Mittelglied zwischen dieser verspäteten Romantik und der schwäbischen Dichterschule bildet der liebenswürdige Lyriker und lebendige Volks= und Sittenschilderer

Wilhelm Müller 1794–1827.

Wilhelm Müller (1794–1827), auf dessen Charakteristik wir uns des beschränkten Raumes wegen nicht näher einlassen können.

Ehe wir jedoch zu den schwäbischen Sängern übergehen, müssen wir eine Reihe von Dichtern erwähnen, die nicht nur durch die Einführung neuer Stoffe in die Poesie, sondern ganz besonders durch Bestrebungen nach mannigfaltigen und meistens bisher unbekannten Kunstformen bahnbrechend

Rückert 1789–1866.

in der modernen deutschen Literatur auftraten. Diese sind hauptsächlich Friedrich Rückert

(1789–1866), August Graf von Platen=
Hallermünde (1796–1835), Karl Lebe=
recht Immermann (1796–1840), und end=
lich die Dorfnovellisten, unter denen wie=
derum Berthold Auerbach (1812 zu Nord=
stetten im würtembergischen Schwarzwalde von jüdischen
Eltern geboren) der erste Platz gebührt. Das patriotische
Element, welches in der romantischen Schule gelegen, aber sich
nur durch poetische Träume von der Herrlichkeit des mittelal=
terlichen Kaiserthums und der Wiederherstellung desselben kund
gegeben hatte, fand einen praktischen, thatkräftigen Ausdruck
in dem tapferen Theodor Körner (1791–
1813), dem mannhaften Franzosenfeind Ernst
Moritz Arndt (1769–1860) und anderen
Sängern der Befreiungskriege. Den glühenden
Ton dieser Vaterlandsdichtung stimmte auch Rückert, (der zu=
erst unter dem Namen Freimund Raimar auftrat), in
seinen „Geharnischten Sonetten" (1814) an, in denen er von
deutscher Einheit und Freiheit mit Jugendenthusiasmus und
wahrhaft poetischem Feuer sang. Später wurde in ihm durch
Göthe's „Westöstlichen Divan" (1818), sowie auch durch seine
gelehrten Studien, ein gewaltiger Zug nach dem Orient rege,
der für den Gang seiner nachherigen Entwickelung bestimmend
war. Seine bekanntesten Erzeugnisse auf diesem Gebiet sind
die „Oestlichen Rosen" (1822) und die „Weisheit des Brah=

Platen
1796–1835.

Immermann
1796–1840.

Auerbach
1812.

Körner
1791–1813.

Arndt
1769–1860.

manen" (1839), in denen die echte Färbung und dazu die end=
lose Breite des Morgenlandes sich abspiegeln. In diesen
großartigen Lehrgedichten, worin sich die tiefste Lebensweisheit
mit der schönsten Form vermählt, erscheint Rückert als der
bedeutendste Didaktiker der Neuzeit. Er trachtet nie nach den
pittoresken Schilderungen äußerer Erscheinungen, die in Frei=
ligrath's poetischen Gemälden, „An das Meer," „Der Scheik
am Sinai" und „Der Schwertfeger von Damascus" vorherr=
schen, sondern sucht, als Vermittler zwischen geistigen Antipo=
den, den Occident mit den kostbarsten Gedankenschätzen und
innigsten Gefühlen des Ostens zu bereichern. Aus dem
Orient holte er gleichfalls den Stoff zu seinem besten Epos
„Nal und Damajanti" (1828), dessen Grundlage eine dem
indischen Heldengedicht „Mahabharata" entlehnte Episode bil=
det, die übrigens von ihm ganz frei umgeschaffen wurde, indem
er zugleich an die Stelle der reimlosen altindischen Sloka einen
gereimten, zweizeiligen Versbau setzte. Rückert's Dramen
„Herodes der Große," (1844), „Kaiser Heinrich IV.,"
„Christofero Colombo," (1845), u. m. a., und seine Dich=
tungen religiösen Inhalts, wie z. B. das „Leben Jesu"
(1839), eine ziemlich trockene und werthlose Evangelienhar=
monie, sind gänzlich verfehlt und machen ihm keine Ehre. Es
ist in der Lyrik, zumal in den „deutschen Gedichten" seiner
ersten Epoche, wo die frische Kraft seines Geistes sich offen=
bart. Als Verskünstler ist er vielleicht niemals übertroffen

worden. (Vgl. Fr. Rückert und seine Werke
von E. Fortlage, 1867, wo seine Poesien in ihrem inneren
Zusammenhang behandelt werden. Noch vollständiger ist die
Schrift, Fr. Rückert, ein biographisches Denk=
mal, von Dr. E. Beyer, 1868. Dieses Werk ist die
Frucht umfassender Studien und mit vielen bisher unbekannten
Briefen und Gedichten ausgestattet.)

Eine weniger reiche und schrankenlose Mannigfaltigkeit der
Verskunst wie bei Rückert, aber eine noch höhere Reinheit der
poetischen Form, finden wir bei Platen. Uebrigens ist diese
technische Vollendung, diese keusche Plastik der Gestaltung fast
das Einzige, worin seine Bedeutung für die Literatur beruht.
Die Marmorglätte seiner mehr künstlich gemachten, als aus
innerstem Drange geschaffenen Gedichte läßt den Leser kalt;
daher kommt es, daß sie schon mehr kritisch gepriesen, als wirk=
lich gelesen werden. Kein Dichter der Neuzeit hat so ge=
flissentlich und unverhohlen nach Ruhm und Unsterblichkeit
gelechzt wie Platen. In dieser Hinsicht war seine Eitelkeit
eben so grenzenlos, wie sein Ehrgeiz; eine Probe dieses Dün=
kels theilen wir hier aus der „für seine Gruft gesungenen“
G r a b s c h r i f t mit, worin er sich folgendermaßen lobpreist:

> „Die Kunst zu lernen war ich nie zu träge,
> Drum hab' ich neue Bahnen aufgeschlossen,
> In Reim und Rhythmus meinen Geist ergossen
> Die dauernd sind, wofern ich recht erwäge.

> Gesänge form' ich aus verschied'nen Stoffen,
> Lustspiele sind und Mährchen mir gelungen
> In einem Styl, den keiner übertroffen."

Was den Fleiß anbetrifft, mag dieses Selbstlob wahr sein; eben so unzweifelhaft ist es aber auch, daß er sich als Dichter sehr überschätzte, und daß es seinen poetischen Erzeugnissen an jedem Element der echten Popularität fehlt. Am gewandtesten ist er in der Lyrik, besonders in Oden und Sonetten, und in der satirischen Komödie. Ein dem Aristophanes nachgeahmtes Lustspiel dieser Art ist „Der romantische Oedipus," worin er die ganze Bitterkeit seines vergällten Gemüthes gegen Immermann ausgießt, der sich aber durch eine scharfe Brochüre, „Der im Irrgarten der Metrik umhertaumelnde Cavalier" und ein polemisch-komisches Mährchen „Tulifäntchen" gehörig rächte.

Immermann ist überhaupt, nebst Rückert, die bedeutendste Erscheinung in der neueren deutschen Literatur. Was die deutsche Dichtung der Gegenwart ihm zu verdanken hat, das kann man nicht hoch genug anschlagen. In der Epik steht er über Schiller; als ein philosophischer Dichter übertrifft er Göthe. Es fehlt ihm jedoch das idealistische Pathos des Ersteren und die lyrische Weichheit des Letzteren. Balladen schrieb er sehr schön; leider sind sie wenig bekannt, weil bis jetzt keine Gesammtausgabe von Immermann's Werken existirt. Als Dramatiker war er sehr fruchtbar („Die Prinzen von Syracus," „König Pe=

riander," „Das Thal von Ronceval," die tragische Trilogie „Alexis" u. a. m.); da er auch sehr früh in der Literatur auftrat, so zeigten die Stücke seiner Jugendperiode eine ziemlich grelle, der Romantik entlehnte Färbung; bald aber brachte ihn das Studium Göthe's und Shakespeare's von dieser falschen Richtung ab. In dem tiefsinnigen „Merlin" stellte er, auf freie, epische Weise, den Grundgedanken des wahren Christenthums dar. Der edle, strenge und etwas herbe Charakter Immermann's spiegelt sich jedoch am reinsten in seinen Romanen ab, auf welche sich Buffon's Spruch, *le style, c'est l'homme,* vollständig anwenden läßt. Schlicht, einfach und mächtig strömt seine Rede dahin, wie ein klarer, starker Fluß. (Sehr empfehlenswerth sind auch seine 1840 erschienenen autobiographischen „Memorabilien," die leider nur bis 1813 fortgeführt sind. Eine gute Ergänzung dazu bietet Adolf Stahr's liebevolle und verständige Schilderung „Karl Immermann." Hamburg 1845.) In den vom „Wilhelm Meister" abhängigen „Epigonen" (1836) zeigte er, wie sich die von Göthe geschilderten Stände der Gesellschaft jetzt zu dem neunzehnten Jahrhundert verhalten hätten. Mit diesem Werke kam er auf sein eigentliches Feld, welches er in seinem berühmten „Münchhausen" (1838–9) noch weiter und glücklicher bebaute. Wie meisterhaft er hier, von ironischer Höhe herab, den im Leben wie in der Literatur herrschenden Geist des Schwindels gezeichnet und gezüchtigt

10

hat, wird von keinem, der ein Organ für geistreiche Satire
besitzt und die Bezüge des Buches versteht, geleugnet werden.
Auch für die Entwickelung der volksthümlichen Richtung
in der deutschen Literatur sind Immermann's unübertreffliche
Schilderungen westfälischen Bauernlebens sehr erfolgreich und
wirklich epochemachend gewesen. „Münchhausen" enthält
Partien (wie z. B. die schöne Liebesgeschichte Oswald's und
Lisbeth's), in denen das deutsche Volksleben so gemüthvoll
und so getreu dargestellt wird, wie in ähnlicher Weise in fast
keiner der heutigen Dorfnovellen.

Der glücklichste Nachfolger Immermann's auf diesem Gebiet ist unstreitig der schon obenerwähnte Berthold Auerbach, der 1832 die Jurisprudenz in Tübingen, 1833 bis
1835 die Philosophie und rabbinische Theologie in München
und Heidelberg studirte, dann, seiner demokratischen Gesinnungen wegen, einige Monate auf Hohen-Asperg saß und nach
seiner Befreiung in stiller Zurückgezogenheit als Gelehrter
lebte. 1837 erschien sein psychologisch-biographischer Roman
„Spinoza," durch den er auch zu einer mit Lebensbeschreibung
und kritischer Einleitung versehenen Uebersetzung der Werke
des großen Denkers angeregt wurde. Zwei Jahre später
gab er „Dichter und Kaufmann," ein für die Culturgeschichte
wichtiges Bild des jüdischen Lebens in der zweiten Hälfte des
vorigen Jahrhunderts, heraus. Aber erst im Jahre 1843
beurkundete er sich durch die „Schwarzwälder Dorfgeschichten"

als der hervorragendste der jetzt lebenden Volksschriftsteller.
Dieses Werk, worin die Sitten und Sagen seiner schwäbischen
Heimath in einer Reihe von anmuthigen Genrebildern sinnig
und herzig geschildert werden, fand eine ungemeine Verbreitung
und ist in fast alle Sprachen Europa's übersetzt worden. Der
Erfolg war für Auerbach's Beruf entscheidend. 1848 schrieb
er seine „Frau Professorin," eine treffliche Erzählung, in der
er seine religiösen und politischen Ansichten nochmals darlegte
und gegen Staat und Kirche muthig zu Felde zog. Diese
Novelle ist von Charlotte Birch-Pfeiffer in dem Schauspiel
„Dorf und Stadt" dramatisirt worden. Zu gleicher Zeit
veröffentlichte er seine interessante Abhandlung „Schrift und
Volk," worin er neben einer köstlichen Kritik Hebel's, die
Grundzüge der Dorfnovellistik und die ganze Theorie der
Volksschriftstellerei klar auseinandersetzte. 1845 gründete er
den „Gevattersmann," einen politischen Volkskalender, der in
dem ersten Jahrgange eine Auflage von 80,000 Exemplaren
erlebte ; durch die Revolution von 1848 ist das Unternehmen
unterbrochen, aber nach einigen Jahren von ihm wieder auf=
genommen und bis heute fortgesetzt worden. Von seinen
übrigen zahlreichen Romanen, „Barfüßele," „Joseph im
Schnee," „Edelweiß," „Der getreue Adjutant" u. a. m.,
lauter anziehenden Kleinmalereien des Naturlebens, wie noch
kein Genrekünstler sie geliefert hat, kann hier nicht näher ge=
sprochen werden. Sein letztes Werk ist der echt=künstlerische

und sehr inhaltreiche Roman „Auf der Höhe"* (1865), von dem der berühmte Aesthetiker Vischer, in seiner eben so geist= wie bilderreichen Charakteristik desselben, schreibt: „Auf dem Tische dieses Buches sind zwischen den wohlgeordneten Haupt= schüsseln und Hauptflaschen, mancherlei kleine Teller, Plättchen mit ausgesuchten Bissen, und feine Spitzfläschchen neben einer zierlichen Liqueurcaraffe aufgestellt; jene aber enthalten so viele gesunde Kost, nahrhaftes Fleisch, reinen deutschen Wein, und das Brod ist so vortrefflich, daß, wer sich den Magen daran verdirbt, die Schuld nur sich selbst zuzuschreiben hat. Ja es ist dem deutschen Gaumen und Magen lange kein Tisch gedeckt worden, wo so nachhaltige und gediegene Lebensnahrung zu haben ist." (Allg. Zeitung 1865, Beilage No. 337–9.)

In Norddeutschland ist die volksthümliche Literatur nie zu einer so allgemeinen Geltung und Ausdehnung gekommen wie im Süden, namentlich im Oberrheinischen und in der Schweiz.

Plattdeutsche Dichter.

Doch haben auf diesem Gebiet die plattdeutschen Dichter Wilhelm Bornemann aus dem Altmärkischen, Fritz Reuter aus Mecklenburg= Schwerin („Läuschen und Rimels," „Hanne Nüte un de lüdde Pudel" eine lustige Vogel= und Menschengeschichte, „Kein Hüsung," und dazu die sehr heiteren Erzählungen und bio=

---

* Sein so eben in fortlaufenden Nummern erscheinender Roman „Das Landhaus am Rhein" zeichnet sich durch dieselbe scharfe Charakterzeich= nung, ästhetische Zucht und schöpferische Kraft aus, durch welche „Auf der Höhe" so großen Beifall hervorgerufen hat.

graphischen Mittheilungen „Ut mine Festungstid,“ „Ut mine Stromtid“ und „Ut de Franzosentid“*), F o o k e H o i s s e n M ü l l e r aus Ostfriesland und der freisinnige Braunschweiger E. S ch m e l z k o p f („Immen,“ „Scheppenstiddesche Streiche“) nicht Unerhebliches geleistet. Reuter's Werke haben, der Schwierigkeit des Dialects ohngeachtet, Beifall und Verbreitung auch in Süddeutschland und selbst im Ausland gefunden. Schmelzkopf hat in mehreren Gedichten, wie z. B. in „Brunhilde von er Roßtrappe,“ sogar den alten Balladenton glücklich angeschlagen.

Zum Schluß bleibt es uns noch übrig, einiger Dichter und Schriftsteller zu gedenken, die seit dem Jahre 1830 mehr oder weniger selbstständig und ohne einer bestimmten Schule sich anzuschließen in der deutschen Literatur aufgetreten sind. Doch können diese der Gegenwart und jüngsten Vergangenheit angehörenden Erscheinungen, von denen viele eine eingehendere Behandlung verdienen, hier nur ganz flüchtig und zwar gruppenweise aufgezählt werden. Die erste dieser Gruppen sind die von dem greisen Göthe streng und etwas ungerecht beurtheilten schwäbischen Dichter,† an deren

Schwäbische Dichter.

* „Ut de Franzosentid“ ist in einer guten englischen Uebersetzung unter dem Titel “In the Year '13” erschienen. Dieser Roman ist unzweifelhaft des Verfassers Meisterwerk.

† In einem Briefe vom 4. October 1831, schreibt er an Zelter in Betreff Gustav Pfizer's so: „Wundersam ist es, wie sich die Herrlein einen gewissen sittig-religiös-poetischen Bettlermantel so geschickt umzu-

Spitze Ludwig Uhland (1787–1862) stand. Uhland
ging von der patriotischen Richtung der Romantik aus, und
veröffentlichte, schon in 1815, eine Sammlung vaterlän=
discher Gedichte, die mit Begeisterung aufgenommen
wurden und nicht ohne Einfluß auf die damalige Politik waren.
Auch als Mitglied der würtembergischen Kammer (1812–
1813) machte er seine liberale Gesinnung durch das Feuer
seiner parlamentarischen Reden geltend. Seine Naturschil=
derungen, zumal in den fröhlichen Frühlings= und Wander=
liedern, zeichnen sich durch lyrische Innigkeit aus. Nach
Gutzkow's Ausdruck hat er „der Natur das Sonntagskleid der
Freude angethan und das Landschaftsgemälde zum Liede zu
vergeistigen gewußt.“ Aber am bedeutendsten sind seine Bal=
laden und halb=epischen Romanzen („Des Sänger's Fluch,“
„Klein Roland,“ u. a.). Seine Dramen, in denen er nationale
Stoffe fast ausschließlich behandelt hat („Herzog Ernst von
Schwaben,“ „Ludwig der Baier,“ „Konradin“), sind gehalt=
voll, aber für die Bühne gänzlich mißrathen. Als die be=
rühmtesten Sangesgenossen und die unmittelbarsten Nachfolger
Uhland's, so selbstständige und von ihm abweichende Bahnen
sie auch eingeschlagen haben, dürfen wir Gustav Schwab
(1792–1850), Justinus Kerner (1786–1862), Abra=

schlagen wissen, daß, wenn auch der Ellenbogen herausguckt, man diesen
Mangel für eine poetische Intention halten muß.“ Briefwechsel zwi=
schen Göthe und Zelter. Berlin 1834. Band 6. Nr. 820. S. 305.

ham Emanuel Fröhlich (1796 geboren), Edward
Mörike (1804 geb.) und den durch Göthe's hartes Urtheil
berüchtigten Gustav Pfizer (1807 geb.) betrachten.

Die zweite Gruppe von Schriftstellern, die wir erwähnen,
ist das sogenannte junge Deutschland, wel=
ches von der Hegel'schen Philosophie angeregt war, Das junge
Deutschland.
aber erst durch die Julirevolution von 1830 zur
praktischen Bethätigung der Ideen gelangte. Diesen Namen,
der nachher eine so große politische und polizeiliche Bedeutung
erhielt, sprach zuerst Ludolf Wienbarg in der Vorrede
zu seinen der deutschen Jugend zugeeigneten „Aesthetischen
Feldzügen" aus: „Dir, junges Deutschland, wid=
me ich diese Reden." Aber die Verfechter und eigent=
lichen Häupter dieser aus kosmopolitischen Liberalen und Re=
präsentanten der Weltliteratur bestehenden Schule, waren Löb
Baruch oder, wie er nach seinem Uebertritte zur evangelischen
Kirche (1817) hieß, Ludwig Börne (1786 Börne
1786–1837.
zu Frankfurt a. M., 1837) und Heinrich
Heine (1799 zu Düsseldorf geb. 1856), beide Heine
1799–1856.
von jüdischer Abkunft und, wegen der Verfolgungen
und Rechtsverkürzungen, denen das israelitische Volk überall
in Europa ausgesetzt war, gegen Staat und Kirche äußerst
verbittert. Börne war ein geradsinniger, charakterfester
Mann und besaß als Schriftsteller große Sprachgewandtheit
und kritische Schärfe („Briefe aus Paris"); er war auch

mehr sittlich=ernst, obgleich weniger vielseitig, als der frech=
witzige Heine, der in der Prosa („Reisebilder") wie in der
Lyrik („Buch der Lieder") eine wahrhaft bezaubernde Gabe
der Darstellung entwickelt. Der talentvollste und fruchtbarste
der jetzt lebenden Vertreter des jungen Deutschlands ist Karl
Gutzkow (1811 in Berlin geb.), dessen neunbändiger Ro=
man „Die Ritter vom Geiste" (1850-1), ein großartiges
Spiegelbild der Gegenwart gibt, so klar und getreu, daß es
später als Quelle der Geschichtschreibung dienen wird, wie die=
ses jetzt mit den Fielding'schen Novellen der Fall ist. Als
das beste von seinen neueren Werken gilt „Der Zauberer von
Rom" (1858-1861), eine Schilderung des Katholicismus,
die von schöpferischer Kraft und feinem Beobachtungssinn
zeugt. Die übrigen Glieder dieses Bundes, die sich als Lite=
raten oder Journalisten bekannt gemacht haben, sind Hein=
rich Laube (1806 in Schlesien geb.), Gustav Kühne
(1806 zu Magdeburg geb.), Theodor Mundt (1808 zu
Potsdam—1861) und Ludolf Wienbarg (1803 in
Altona—1865).

Unter dem Einfluß der politischen und socialen Fragen, die
schon in den dreißiger Jahren von der jungdeutschen Schule
eifrig erörtert und durch die Ereignisse von 1848 neu angeregt
wurden, bildete sich eine Reihe gewandter, mitten in ihrer
Thätigkeit noch stehender Dichter aus, die sich mehr oder weni=
ger an Rückert, Platen, und namentlich an Immermann an=

lehnen, im Grunde jedoch von einander so verschieden sind, daß
sie sich nur unter die Rubrik, **F r e i h e i t s d i ch=**
t e r r e v o l u t i o n ä r e r T e n d e n z classifici=
ren lassen. An dieser Stelle ist es durchaus un=

möglich sie zu besprechen und wir müssen uns mit einem bloßen
Namenverzeichniß derselben begnügen: **J u l i u s M o s e n**
(1803), der aber keine politische Rolle spielte, **F r a n z D i n=**
g e l s t e d t (1814), **G e o r g H e r w e g h** (1817), **R o b e r t**
P r u tz (1816), **F e r d i n a n d F r e i l i g r a t h** (1810),
G o t t f r i e d K i n k e l (1815), **H o f f m a n n v o n F a l=**
l e r s l e b e n (1798) und **K a r l S i m r o c k** (1802), von
denen Freiligrath und Kinkel an echt poetischem Genie die an=
dern weit überflügeln. Hoffmann und Simrock haben sich
nicht so sehr durch Originalschöpfungen, als durch ihre muster=
haften Bearbeitungen älterer Sprachdenkmäler ausgezeichnet.
Mosen hat viel Verwandtes mit Immermann; aber er ist in
der Epik zu weich und lyrisch, und seine Dramen haben nicht
genug theatralisches Feuer und Leben. An Rückert's orienta=
lische Manier schloß sich auch der sinnig=beschauliche **L e o p o l d**
S ch e f e r (1784–1862) an, der den Pantheismus des jungen
Deutschlands und zwar auf eine sehr innige Weise vertrat.

Die letzte dieser Gruppen ist die große der süd=
österreichischen Sänger, die der Geistesbedrückung

der Metternich'schen Polizeiherrschaft entgegentra=
ten, sich über die Schranken des patriotischen Provincialismus

10*

erhoben, und dadurch von nationaler Bedeutung wurden, daß
sie ihrem besonderen Vaterland ein lebhafteres Interesse für
das Wohl des gesammten Deutschlands einzuflößen suchten.
Der Chorag dieser Dichtergemeinschaft war Jos. Christian
Freiherr von Zedlitz (1790–1862), der Verfasser
der „Todtenkränze,“ der „nächtlichen Heerschau“ und noch
mehrerer Trauer= und Mährchengedichte und Schauspiele, die
von einem großen formalen Talent Zeugniß ablegen, doch im
Ganzen nicht sehr erquickend sind. Zuletzt wurde er Geheim=
sekretär Metternich's und schrieb sein „Soldaten=Büchlein,“
worin er sich für die österreichische Armee, das Werkzeug der
schändlichsten Tyrannei in Deutschland, sowie in Ungarn und
Italien, begeistert. Nicht ungestraft geht ein einfältiger
Dichter mit einem staatsklugen Mephistopheles=Metternich um.

Auf der freien, nationalen Richtung, die Zedlitz anbahnte,
selber aber später mit der Laufbahn eines Höflings und Di=
plomaten vertauschte, schritten nun Ant. Alex. Graf
von Auersperg (1806), besser bekannt unter dem Dich=
ternamen Anastasius Grün, und Nicolaus Niembsch
von Strehlenau (1802–1850), gewöhnlich mit ver=
kürztem Namen Lenau genannt, immer weiter fort. Der
letztere war eine tief melancholische, von unruhigem Sehnen
und Weltschmerz ergriffene Natur; er starb in der Irren=
anstalt zu Oberdöbling bei Wien. Unter seinen lyrischen
Gedichten sind die „Polenlieder“ die besten. Seine um=

fangreicheren Dichtungen („Faust," „Savonarola," „Die Albigenser," „Don Juan") sind reich an schönen Particeen und seelenvollen Naturschilderungen, aber entbehren in der Ausführung des Ganzen aller künstlerischen Einheit. Anastasius Grün's Schöpfungen, dagegen, zeichnen sich nicht so sehr durch Gefühl, Wohllaut und Vollendung der Form, als durch Geist, Freimuth, Kraft und Gedankenfülle aus. „Licht und Freiheit" macht er zum Wahlspruche seiner Poesie, sowie seines Lebens. Seine ersten Gedichte erotischen Inhalts „Blätter der Liebe" (1830), verwarf er später als „unfertig und unreif." In demselben Jahre erschien „Der letzte Ritter," ein nach dem Vorgange des mittelalterlichen ritterlichen Epos „Theuerdank" poetisch bearbeiteter Stoff aus dem Leben Maximilian's des Großen. 1831 gab er seine patriotischen „Spaziergänge eines Wiener Poeten" heraus, die mit allgemeinem Enthusiasmus vom Publikum aufgenommen wurden. Diese politische Tendenz verfolgte er noch weiter in seinem „Schutt," der aus vier ziemlich locker zusammenhängenden Dichtungen besteht und uns durch fast alle Länder vom Orient bis Amerika führt. Seine neueren Gedichte sind entweder humoristisch („Nibelungen im Frack," „Pfaff von Kahlenberg") oder balladenartig, wie der nach altenglischen Volksliedern frei reproducirte „Robin Hood" (1864). Von den übrigen österreichischen Dichtern, die wir nicht näher charakterisiren wollen, sind die bedeutendsten der

hochbegabte Dramatiker F r i e d r i ch H a l m , mit seinem
wahren Namen Franz Jos. Freiherr von Münch-Bellinghausen (1806 zu Krakau geboren), und F r i e d r i ch H e b b e l
(1813–1863), von dessen großartiger Begabung das Trauerspiel „Die Nibelungen" unzweifelhaftes Zeugniß gibt.
H e b b e l war ein Mann von gewaltiger, aber einseitiger
Kraft; es fehlten ihm jene weiblichen Eigenschaften der
Anmuth und Empfindung, die wir bei allen echten Dichtern
treffen. Seine gesammelten Werke in zwölf Bänden, mit
einer biographischen und kritischen Einleitung von E. Kuh,
sind bei Hoffmann und Campe in Hamburg eben erschienen.
H a l m ' s Hauptdramen sind „Griseldis" (1835), „Der
Sohn der Wildniß" (1842) und „Der Fechter von Ravenna"
(1857); sie zeichnen sich besonders durch schöne Sprache,
energische Charakteristik und effectreiche Darstellbarkeit aus.

Register.

Die beigefügte Ziffer bedeutet die Seitenzahl.

A.

Abraham a Santa Clara. 115.
Acta Eruditionis. 127.
Agricola, Rudolf. 89.
Alberich von Besançon. 33.
Alberus, Erasmus. 99.
Albrecht von Scharfenberg. 50, 55.
Alexanderlied. 32, 49.
Altuin. 23.
Allegorien. 77.
Aller Praktik Großmutter. 97.
Alliteration. 13, 26.
Alphart's Tod. 73.
Amadis. 79.
Amis. 53.
Andersen, Hans Chr. 211.
Anakreontiker. 139.
Angelus Silesius. 114.
Annolied. 29.
Arme Heinrich, der. 44.
Arminius und Thusnelda. 120.
Arndt, Joh. 105.
Arndt, Ernst Moritz. 213.
Arnim, Achim v. 82, 205.
Arnim, Bettina v. 206.
Arnold. 125.
Artussagenkreis. 41.
Athis und Prophilias. 43.
Auerbach, Berthold. 213, 218.
Auersperg, Ant. Alex. Graf v. 226.
Aufklärung, die. 126, 151.
Ayer, Jac. 103, 104.

B.

Bahrdt, C. Fr. 146.
Barfüßer Sekten- und Kuttenstreit. 98.
Barlaam und Josaphat. 54.
Basedow, Joh. Bern. 151.
Bebel, Heinr. 99.
Beheim, Mich. 77.
Beiträge, Bremer. 134.

Benzel-Sternau. 196.
Beowulf. 62.
Beredsamkeit. 14, 76.
Berthold. 62.
Bescheidenheit. 60.
Besser, Joh. v. 121.
Bettina, s. Arnim.
Bibliothek, allgem. deutsche. 158.
Bienenkorb. 98.
Birch-Pfeiffer, Charlotte. 219.
Bode. 154.
Bodmer, Joh. Jac. 131.
Böhme, Jac. 105, 123.
Boie, Heinr. Chr. 165.
Bork, Casp. Wilh. v. 137.
Börne, Ludw. 223.
Bornemann, Wilh. 220.
Bouterwek, Fr. 15.
Brandt, Sebastian. 91.
Bremer Beiträge. 134.
Brentano, Clemens. 82, 205.
Breydenbach, Bern. v. 79.
Brockes, Barthold Heinr. 121, 127.
Buch der sieben Grade. 80.
Buch von den Figuren. 80.
Buch von den sieben weisen Meistern. 79.
Büchner, Aug. 112.
Bünau. 125.
Bürger, Gottfr. Aug. 168.
Burkard Waldis. 99, 101.
Byzantinisch-palästinische Dichtung. 32.

C.

Campe, Joach. Heinr. 151.
Canitz, Fr. Rud. Ludw. v. 121.
Cato. 61.
Celtes, Konr. 89.
Chamisso, Adalb. v. 210.
Cholevius. 16. Anmerk.
Christ, Joh. Fr. 125, 126.
Claudius, Matth. 172.

Clauren, H. (Karl Heun). 197.
Cramer, Fr. 136.

D.

Dach, Simon. 112.
Decius, Nic. 101.
Deutschland, das junge. 223.
Dichterbund, Göttinger. 165.
Dichterschule, schlesische. 109.
Dichtung, politische. 225.
Dietrichs Flucht. 73.
Dietrich und seine Gesellen. 73.
Dingelstedt, Franz. 225.
Dippel. 125.
Dorfnovellistik. 198, 213, 219.
Drama. 11, 12, 84, 101, 118, 137.
Trollinger, Karl Fr. 127.
Dürer, Albrecht. 106.

E.

Ebert, J. A. 134.
Gebasis. 30.
Ecken-Ausfahrt. 73.
Eckhof, Konrad. 199.
Edda. 63.
Ehezuchtbüchlein, das. 98.
Eichendorff, Jos. v. 210, 211.
Eilhart von Oberge. 34.
Elisabeth Gräfin zu Nassau-Saarbrück. 73.
Gneil. 34.
Engel, J. J. 151, 200.
Engelhart und Engeltrut. 54.
Epistolæ obscurorum Virorum. 94.
Epos. 10, 11, 116.
Erasmus, Desiderius. 90.
Gref. 44.
Ernesti. 126.
Ernst, s. Herzog.
Eschenbach, s. Wolfram.
Ettmüller, Ludw. 16.
Eulenspiegel. 79, 105.
Evangelienharmonien. 25, 26.
Ewige Jude Ahasuerus, der. 105.

F.

Fabel. 30, 31, 99.
Fastnachtspiele. 87.
Fessler, Ign. Aur. 196.
Fichte, Joh. Gottleb. 153.
Finkenritter, der. 105.
Fischart, Joh. 95.
Fleck, Konrad. 53.
Fleming, Paul. 110.
Flöhhatz, Weibertratz. 97.
Flore und Blancheflur. 53.
Florenz, s. Eichendorff.

Felt, Hans. 79.
Förster, Geo. 152.
Fortunatus. 73.
Fouqué, Fr. Baron de la Motte. 196, 207.
Franke. 125.
Frankfurter gelehrte Zeitung. 127.
Frauenbuch. 59.
Frauendienst. 59.
Frau Jutten. 87.
Frauenlob. 59.
Freidank. 60.
Freiligrath, Ferd. 214, 225.
Friedrich II. von Preußen. 68.
Fröhlich, A. E. 223.
Froschmäusler, der. 100.
Fuchs. 134.
Fulda, die Abtei. 23.

G.

St. Gallen, die Abtei. 23.
Gargantua. 96.
Gärtner, Christ. 134.
Gatterer, Joh. Christ. 152.
Gäuchmatte. 94.
Gebet, Wessobrunner. 25.
Gedanken oder Monatsgespräche. 127.
Geiler von Kaisersberg. 88, 93.
Geistliche Badefahrt. 94.
Gellert, Christ. Fürchtegott. 134, 135.
Genovera, die heilige. 79.
Genossenschaften, deutschgesinnte. 107.
Gerhart, Paul. 113.
Germanen. 19.
Gerstenberg. 154.
Gervinus, G. G. 15.
Geschichtschreibung. 14, 152.
Gesellschaft, deutsche. 129.
Gesellschaften, gelehrte. 107.
Gesta Romanorum. 79.
Geßner, J. M. 125.
Gessner, Konrad. 106.
Geßner, Sal. 140, 166.
Gliese, M. D. 134.
Gleim, J. W. Ludw. 134, 139.
Glossarien. 35.
Gluck. 123.
Goedeke, Karl. 16.
Goldemar. 73.
Görres, Jos. 212.
Göthe, J. Wolfg. v. 31, 49, 127, 173, ff.
Gothen. 20.
Gotter, Fr. W. 165, 109.
Gottfried von Straßburg. 40, 43, 50.
Göttinger gelehrte Anzeigen. 127.
Gottschall, Rud. 17.
Gottsched, Joh. Christoph. 123, 129.
Gottsched, Luise, geb. Culmus. 130.
Götz, J. Nich. 140.
Götz von Berlichingen. 105, 176.

Graf Rudolf. 35.
Gralsage. 42, 46.
Gregorius, der heilige. 45.
Grillparzer, Franz. 209.
Grimm, Jac. 15, 20, 205.
Grimm, Wilh. 15, 205.
Grimmelshausen, Christoph. 117.
Griseldis. 79.
Grün, Anastasius, s. Auersperg.
Gropius, Andreas. 111, 119.
Gudrun. 69.
Günther, Joh. Christ. 121.
Gute Gerhard, der. 54.
Gutzkow, Karl. 224.

H.

Hadlaub. 59.
Hagedorn, Fr. v. 127, 123, 134.
Haimonskinder, die. 79.
Hainbund. 144, 164.
Haller, Albrecht v. 127, 128.
Halm, Fr. s. Münch-Bellinghausen.
Hamann, Joh. G. 155.
Hamburg. 121.
Händel, G. Fr. 123.
Hans Folz, s. Folz.
Hans Rosenblut, s. Rosenblüt.
Hans Sachs, s. Sachs.
Hanswurst. 130.
Hardenberg, Fr. v. 202.
Harsdörffer, Phil. 113.
Hartmann v. d. Aue. 43.
Hauff, Wilh. 197.
Hebbel, Fr. 229.
Hebel, Peter. 172.
Hegel, Geo. W. Fr. 154.
Heine, Heinr. 223.
Heinrich, der Arme, s. Arme Heinrich.
Heinrich der Glichesär. 30.
Heinrich von Laufenberg. 80.
Heinrich von Meißen. 59.
Heinrich von Veldeke. 34, 40.
Heinse, Wilh. 145.
Heldenbuch. 73, 74.
Heliand. 25.
Henrici. 120.
Heraklius. 43.
Herbort von Fritzlar. 42.
Herder, Joh. Gottfr. v. 82, 154, 155 ff.
Hermes. 194.
Herwegh, Geo. 225.
Herzog Ernst.
Hettner, Hermann. 17.
Heun, Karl. 197.
Heyne, C. G. 126.
Historische Romane. 196.
Hildebrandslied. 22.
Hippel, Th. G. 193.
Höck, Theobald. 109.

Hoffmann, E. T. W. (Amadeus). 176.
Hoffmann von Fallersleben, Aug. Heinr. 83, 225.
Hoffmann von Hoffmannswaldau, Christ. 119.
Hofpoeten. 120.
Hohenstaufen. 36.
Hölty, Ludw. H. Christph. 171.
Horen, die. 184.
Horn, Franz. 17.
Horribiliscribrifax. 112.
Houwald, Ernst von. 209.
Hroswitha. 27.
Hucbald. 27.
Hug- und Wolfdietrich. 73.
Hugo von Montfort. 77.
Hugo von Trimberg. 60.
Hülfsmittel. 14-18.
Hutten, Ulrich v. 94.

J.

Idylle. 140, 166, 186.
Jean Paul, s. Richter.
Jesuiterhütlein, das vierhörnige. 98.
Iffland, A. W. 200.
Immermann, K. L. 213, 216.
Insel Felsenburg. 123.
Jonas, Justus. 101.
Iselin, Isaak. 151.
Isengrimus. 30.
Jung-Stilling, Joh. H. 163.
Iwein. 44.

K.

Kaiserchronik. 29.
Kant, Imman. 126, 153.
Karl. 53.
Karl der Große. 23-25.
Karlsage. 34, 41.
Karschin, Luise. 140.
Kästner, Abr. Gotth. 138.
Kaulbach. 31.
Kerner, Justinus. 222.
Kinkel, Gottfr. 225.
Kirchenlied. 100, 113.
Klage, die. 65, 72.
Klage der Kunst. 54.
Klage und Vermahnung. 94.
Kleist, Christ. Ewald v. 134, 139.
Kleist, Heinrich v. 208.
Klettenberg, Fräulein v. 175.
Klinger, Fr. Max v. 159.
Klopstock, Fr. Gottl. 134, 141.
Knigge, Adolf Freiherr v. 195.
Koberstein. 16.
Koch. 15.
Komik. 91.
König Ortnit. 73.

König Ruother. 32.
Konrad, der Pfaffe. 34.
Konrad von Würzburg. 54.
Körner, Julius. 83.
Körner, Karl Theod. 213.
Kotzebue, Aug. v. 201.
Kreuzzüge. 28.
Krist. 26.
Kudrun, s. Gudrun.
Kuh, E. M. 140.
Kühne, Gustav. 224.
Kurfürstin von Brandenburg. 113.
Kurz, Heinr. 18 Anmerk.

L.

Kalenbuch. 105.
Lamprecht, der Pfaffe. 32.
Langbein, Aug. 195.
Lange, Rudolf. 89.
Lange, Sam. Gotth. 139.
Lanzelot. 43.
Laube, Heinr. 202, 224.
Laufenberg, Heinr. v. 80.
Laufenberg, Joh. 114.
Laurentius v. Schnüffis. 114.
Lavater, Joh. Casp. 144, 162.
Leben Marie. 29.
Lehrgedicht. 13, 60.
Leibnitz, Gottf. Wilh. v. 123.
Leiche. 26.
Leipzig. 123.
Leipziger Bibliothek (Nicolai). 127.
Lenau, s. Niembsch.
Lenz, J. M. Reinhold. 159.
Lessing, Gotth. Ephr. 127, 132, 146, ff.
Lichtenberg, Geo. Christ. 162.
Lichtenstein, Ulrich v. 59.
Lichtwer, M. G. 136.
Liscov, C. L. 133.
Literatur der Gegenwart und jüngsten Ver-
    gangenheit. 221.
Literatur, die neuere. 107.
Literaturbriefe. 127, 146, 154.
Logau, Fr. v. 114.
Lohengrin. 55.
Lohenstein, Dan. Casp. 119, 120.
Luti. 84.
Ludwigslied. 27.
Luther, Martin. 101, 106.
Lutherischen Narren, von dem großen. 94.
Lyrik. 11, 55, 100.

M.

Magelone, die schöne. 79.
Mandeville, John. 79.
Marco Polo. 79.
Margareta. 29.
Mascov. 125.
Maximilian, der Kaiser. 77.

Meerfei, die. 77.
Megerle, s. Abraham a Santa Clara.
Melanchthon. 90.
Meister, die sieben weisen. 79.
Meistersänger. 77, 80.
Meißen, Heinr. v. s. Frauenlob.
Meißner, Aug. Gottl. 196.
Mendelssohn, Moses. 127, 146.
Merck, Joh. Heinr. 158.
Mercur, deutscher. 127.
Merseburger Zauberformeln. 22.
Metrik. 110.
Miller, Joh. Mart. 171.
Minnegesang. 36 ff.
Mittler. 83.
Montfort, Hugo v. 77.
Merhof, Dan. Geo. 120.
Mörike, Ed. 223.
Moritz, Karl Phil. 196.
Moscherosch, Joh. Mich. 115.
Mosen, Jul. 225.
Moser, Fr. Karl v. 151.
Möser, Justus. 152.
Müller, Feele Heißen. 221.
Müller, Joh. Gottwerth. 195.
Müller, Fr. (Maler). 161.
Müller, Wilh. 212.
Müller, Wilh. (Grammatiker). 20.
Müllner, Adolf. 209.
Münch-Bellinghausen, Freiherr v. 229.
Mundt, Theodor. 224.
Muralt. 128.
Murner, Thomas. 93.
Musäus, Joh. K. Aug. 194.
Muscoblüt. 77.
Musenalmanach. 165.
Musculli. 25.
Molius. 134.
Mürarien. 84.
Mystiker. 75, 88.

N.

Narrenbeschwörung. 93.
Narrenschiff. 91.
Nassau-Saarbrück, s. Elizabeth.
Neithart. 58.
Neukirch, Benj. 121.
Neumark. 112.
Nicolaus von Straßburg. 88.
Niebelungenlied. 62.
Nicolai, Fr. Christoph. 127, 140, 146.
Niembsch von Streblenau. 226.
Nithart, s. Neithart.
Novalis, s. Hardenberg.
Novelle. 78, 191 ff.
Nürnberg. 88, 113.

O.

Octavianus, Kaiser. 79.

Oesterreich, neuere Dichtung. 225.
Olearius, Adam. 111.
Oper. 122.
Opitz von Boberfeld, Martin. 109.
Oranje, Wilhelm v. 50.
Orendel. 32.
Oswalt. 32.
Oswald von Wolkenstein. 77.
Otfried, Mönch von Weißenburg. 26.
Otto. 43.

P.

Pädagogische Schriften. 151.
Paracelsus. 105.
Parziral. 46.
Pauli, Joh. 105.
Paulus Diakonus. 23.
Peter Squenz. 112.
Peter von Pisa. 23.
Peter von Stauffenberg. 77.
Pestalozzi, J. H. 151.
Pfaffe Amis. 53.
Pfaffe Konrad. 34.
Pfaffe Werner. 29.
Pfeffel, G. K. 136.
Pfinzig, Melchior. 77.
Pfizer, Gustav. 221 Anmerk. 223.
Philander von Sittenwald. 115.
Philanthropinum. 151.
Philosophie. 14, 153.
Picarische Romane. 123.
Pietisten. 126.
Pilatus. 29.
Platen-Hallermünde, Aug. Graf v. 141, 213, 215.
Poetik. 110.
Politische Dichtung. 225.
Prosa. 14, 35, 61, 88, 104, 123.
Prosaromane. 78, 116.
Prosasprache, neuhochdeutsche. 106.
Prutz, Robert. 225.
Purismus. 107.
Pyra, Jac. Imm. 138.

R.

Rabener, Gottl. Wilh. 134.
Rabenschlacht. 73.
Rachel, Joach. 114.
Raimar, Freimund, s. Rückert.
Ramler, Karl Wilh. 134, 140.
Rationalismus. 150.
Räuberromane. 197.
Regenbogen. 59.
Reim. 13, 26.
Reimarus, Herm. Sam. 148, 150.
Reimchroniken. 78.
Reinecke Fuchs. 31, 99, 180.
Reinhardus (Reinhart). 30.
Reinmar, der alte. 57.

Renner, der. 60, 61.
Reuchlin. 89.
Reuter, Fritz. 220.
Richey, Mich. 121.
Richter, Jean Paul. 191 ff.
Riemer, Joh. 120.
Rinkart. 113.
Rist, Joh. 112.
Ritterromane. 207.
Robinsonaten. 118, 123.
Rochow, Fr. Eberh. v. 151.
Rotigart. 113.
Rolandslied. 34.
Rollenhagen, Geo. 100.
Roman. 78, 145, 191 ff.
Romantische Schule. 201.
Rosenblüt, Hans. 79.
Rosengarten, {der kleine.} {der große.} 73.
Rosenkranz, K. 17.
Ruother, König. 32.
Rückert, Fr. 212.
Rudolf, Graf. 35.
Rudolf von Ems. 54.
Runenschrift. 20.
Ruodlieb. 27.

S.

Sachs, Hans. 103.
Sachsenspiegel. 62.
Sagenkreise. 21, 22, 41.
Salomon und Morolt. 32.
Sänger, fahrende. 56, 59.
Satire. 13, 91.
Schachspiel, das. 80.
Schäfer, Joh. Wilh. 17.
Scharfenberg, Albrecht v. 50, 55.
Schauspielkunst. 199.
Schefer, Leop. 225.
Scheffler, Joh. 114.
Schelling, Fr. W. J. v. 153.
Schelmenzunft. 93.
Schernberg, Theodorich. 87.
Schiff, das glückhafte. 96.
Schiff, das aus Narragonien. 91.
Schildbürger, die. 105.
Schiller, Fr. v. 127, 173, 180 ff.
Schiltberger, Joh. 79.
Schimpf und Ernst. 105.
Schirmer. 112.
Schlegel, Adolf. 134.
Schlegel, Aug. Wilh. v. 201, 203.
Schlegel, Fr. v. 201, 203.
Schlegel, Joh. Elias. 134, 137.
Schlözer, Aug. Ludw. 152.
Schlosser, J. G. 151.
Schlosser, Fr. Chrstph. 17.
Schmelzkopf, E. 221.
Schmid, C. A. 134.
Schmidt, Julian. 17.

Schmied Wieland, der. 73.
Schmiede, die goldene. 54.
Schnabel, Ludw. 123.
Schnepperer, s. Rosenblüt.
Schnüffis, Laur. v. 114.
Schönaich, Chrstph. Otto v. 132.
Schönsperger, Joh. 78.
Schröder, Fr. Ludw. 199.
Schubart, Fr. Dan. 164.
Schulze, Ernst. 145, 210.
Schupp, Balthasar. 115.
Schwab, Gust. 222.
Schwabe, Joh. Joach. 133.
Schwabenspiegel. 62.
Schwäbische Dichter. 221.
Schwänke. 98.
Schwanritter, Sage vom. 48, 54.
Schweinichen, Hans v. 105.
Schweizer, die. 131.
Setten= und Kuttenstreit. 98.
Siegeslied, s. Ludwigslied.
Siegfried, der gehörnte. 63.
Siegfriedsage. 21.
Sigenot. 73.
Silvester. 54.
Simplicissimus. 117.
Simrock, Karl. 20, 83, 225.
Solger. 141.
Soltau. 83.
Sonnenfels, Jos. v. 151.
Spee, Fr. v. 113.
Spener. 125.
Spengler, Lazarus. 101.
Speratus, Paul. 101.
Sperrvogel. 57.
Spiegel menschlichen Heils. 80.
Spiel von den zehn Jungfrauen. 86.
Spittler, Ludw. Timoth. 152.
Stabreim, s. Alliteration.
Steffens, Heinr. 197.
Steinmar. 59.
Stephan. 80.
Stilling, s. Jung.
Stolberg, Christ. Graf zu. 170.
Stolberg, Fr. Leop. Graf zu. 167, 170.
Stoppe, Dan. 121.
Straube. 134.
Stricker. 53.
Sturm= und Drangperiode. 155, 159.

T.

Tabulaturen. 80.
Tacitus. 21.
Tafelrunde. 32, 41, 47.
Tauler, Joh. v. 89.
Theodorich. 66.
Theuerdank. 77.
Thierepos und Thierfabel. 99.
Thiersagen. 30, 31.

Thomasin Zirkler, s. Zirkläre.
Thomasius. 124.
Thümmel, Mor. Aug. v. 195.
Tieck, Ludw. 204.
Till Eulenspiegel. 79.
Titurel. 46, 49.
Titurel, der jüngere. 50, 55.
Tours, Klosterschule zu. 24.
Trimberg, Hugo v. 60.
Tristan und Isolde. 34, 50.
Trojanischer Krieg. 54.
Trostbüchlein, rodgrammisch. 97.
Troubadourpoesie. 40.
Tucher, Hans. 79.
Türheim, Ulrich v. 50.
Tyrol und Friedebrant. 72.

U.

Uhland, Ludw. 83, 222.
Ulfilas. 22.
Ulrich, s. Lichtenstein, Türheim, Zazicho=ren.
Usteri, Joh. Mart. 172.
Uz, Peter. 140.

V.

Veldeke, Heinr. v. 34, 40.
Veronica. 29.
Vilmar. 16.
Virgil. 34.
Vogelweide, s. Walther.
Völkerwanderung. 23.
Volksbücher. 104.
Volkslied. 10, 11, 81.
Voß, Joh. Heinr. 141, 165 ff.
Vulpius, C. A. 197.

W.

Wackenroder. 205.
Wackernagel, Wilh. 16.
Wagner, Christ. 120.
Wagner, Ernst. 195.
Waldis, Burkard. 99, 101.
Walsche Gast, der. 60.
Walther und Hildegunde. 72.
Walther von Aquitanien. 27, 57.
Walther von der Vogelweide. 40.
Warnecke, Christ. 121.
Weckherlin. 109.
Weckherlin, W. Ludw. 164.
Weise, Christ. 120.
Weltchronik. 54.
Werner, Zachar. 208.
Werner, der Pfaffe. 29.
Wernicke, s. Warnecke.
Wessobrunner Gebet. 25.
Wezel, Joh. Karl. 196.

Wieland, C. M. 143 ff.
Wienbarg, Ludolf. 223, 224.
Wigalois. 53.
Wilhelm von Orleans. 54.
Wiltinaſage. 63.
Willehalm. 46, 50.
Winckelmann, Joh. Joach. 126, 149 ff.
Winsbeke. 61.
Wirnt von Gravenberg. 53.
Wolf, Chriſt. v. 124.
Wolf, Fr. A. 83, 126.
Wolfdietrich. 73.
Wolfram von Eſchenbach. 37, 43, 46 ff.
Wolzogen, Frau v. 183.

Z.

Zachariä, Fr. Wilh. 134, 138.
Zauberformeln. 22.
Zauberromane. 207.
Zazichoven, Ulrich v. 43.
Zedlitz, Joſ. Chriſt. v. 226.
Zeitſchriften. 127.
Zeſen, Phil. v. 112.
Zirkläre. 60.
Zintgref, J. W. 109.
Zſchokke, Heinr. 198.
Zwingli, Hulbreich. 107.